ロミオとジュリエット

シェイクスピア
中野好夫訳

新潮社版

256

はしがき

一　底本はグローブ版を基礎とし、その他随時アーデン版、新集注版、ペンギン版等を参照、適宜取捨を試みたが、大体において余り奇を好むことを避けた。

一　本文中、一般読者のためにト書きの必要を感じるものは少数に限って、巻末注解の中に加えたから参照されたい。多少の煩雑を敢てしても、これを本文の中に加えなかったのは、近代劇と異なるシェイクスピア劇の重要な特徴を保存したかったからである。

一　従来の坪内、竹友両氏の翻訳、市河氏の注釈には教えられるところ多大であったばかりでなく、最上の表現と敬服したものは敢て借用させていただいた。故意に前訳を避ける努力は無意味であると信じたからである。巻末に断わったものもあるが、記して謝意を表するとともに、御承認を願いたい。

一　訳者は特に訳者自身の翻訳理論というべきものを持たないが、ただ翻訳は個々の語句よりも、まず原作の精神、雰囲気に対する訳者の全責任的解釈の上においてなされねばならないと信じている。従ってこの翻訳においても、もしその点の訳者の理解が見当違いであったり、独りよがりであったら、いかに語句的に正確であっても、全面的に失敗だといわねばならない。訳者はそれだけの責任と危険は負担するつもりである。

一　顧みて微力の限りはつくしたつもりであるが、遺憾は限りない。殊に訳者を殆んど絶望させたのは、だれしも言うことであるが、原作の詩の移植である。

訳　者

ロミオとジュリエット

登場人物

エスカラス　ヴェロナの太守、公爵。
パリス　青年貴族、太守の縁戚。
モンタギュー
キャピュレット　｝相互に敵視する両家の家長。
キャピュレット家一族の老人。
ロミオ　モンタギューの息。
マキューシオ　太守の縁戚、ロミオの友人。
ベンヴォーリオ　モンタギューの甥、ロミオの友人。
ティボルト　キャピュレット夫人の甥。
僧ロレンス
僧ジョン　｝フランシス派修道僧。
バルサザー　ロミオの召使。
サムソン
グレゴリ　｝キャピュレット家の下人。
ピーター　ジュリエットの乳母の召使。

エイブラハム　｜モンタギュー家の下人。｜
薬師。
楽手　三人。
パリスの侍童、他に侍童一人、役人一人。
モンタギュー夫人　モンタギューの妻。
キャピュレット夫人　キャピュレットの妻。
ジュリエット　キャピュレットの息女。
ジュリエットの乳母。
ヴェロナの市民大勢、モンタギュー、キャピュレット両家の男女数人、仮装舞踏会の出席者、警吏、夜番、従者たち大勢。
序詞役。

場　面

ヴェロナ及びマンチュア。

序　詞

序詞役登場。

舞台も花のヴェロナにて、
いずれ劣らぬ名門の
両家にからむ宿怨を
今また新たに不祥沙汰。
仇と仇との親よりも
生い出し花や、呪われの
恋の若人、あわれにも、
その死に償う両家の不和。
宿世つたなき恋の果て、
愛児の非業に迷いさめ、
今は怒りも解けしちょう、
仔細はここに、二時《ふたとき》を、
足らわぬ節《ふし》は大車輪

勤めますれば、御清覧、伏して願い奉る。〔退場〕

第一幕

第一場――ヴェロナ。広場*。

キャピュレット家の下人サムソンとグレゴリ、剣と楯とをもって登場。

サムソン　グレゴリ、われわれもう虫を殺す*のは真平だぞ。

グレゴリ　そうとも、それこそ飛んだ虫殺しというもんだからな。

サムソン　なに、疳の虫にグッと来てみろ、腰の一刀抜く手は見せんぞ、というのだ。

グレゴリ　そうよ、まあ呼吸《いき》の根のあるうちに、貴様の方こそ首根っこ引き抜かれぬ用心しろ。

サムソン　カッとなりゃ、おらァ一刀両断だ。

グレゴリ　だが、そこは貴様のことだ、カッとなるまでが大変だ。

サムソン　なに、モンタギューの一家とありゃ、犬っころ見てさえカッとなる。

グレゴリ　いいか、カッとなるたァ、カケ出すことよ。勇気のある奴は踏ん止まる。だから貴様なざァ、カッとなりゃ、逃げ出すって方だろう。

サムソン　ところがね、俺ァまたあの家のものと聞きゃ、犬っころ見てさえ、カッとなって踏ん止まる。男だろうが、女だろうが、かまやしねえ、モンタギュー一家の奴とありゃ、俺ァいきなりお*っかぶせてやっつけてみせる。
グレゴリ　だから貴様は腰抜けだというんだ。おっかぶせてやっつけちまうなんて、弱い奴に決まってる。
サムソン　なるほど。女は弱いということだが、道理で、いつもおっかぶせられて、やられちまうんだな。だからよ、俺ァモンタギューの男と見りゃ、おっかぶせて張り仆す。女と見りゃ、こいつはおっかぶせて押えこむ。
グレゴリ　女、手出しはよせやい。喧嘩はな、御主人たちと俺たちと、野郎同士のことなんだ。
サムソン　そんなことは同じだ。とにかく俺は暴れて見せる。ところで野郎どもの喧嘩がすみゃ、ついでに女もただではおかぬ、急*所を一番、刺し貫いてくれるぞ。
グレゴリ　女の急所だと？
サムソン　そうよ、女の急所、生娘《きむすめ》のあそこ、――どうなと勝手におとりなさい、だ。
グレゴリ　なるほど、ピリッと痛いなァ向う様だな。
サムソン　俺の抜身がおっ立つわけだ、ピリッと来るなァあたりめえだ。なにしろ俺のは相*当の逸物だからな。
グレゴリ　まあ、魚*でのうて幸せよ。魚じゃ、どうせまず塩ダラってところだろうからな。おい、さあ抜いた。来たぞ、モンタギューの奴等が二人。
サムソン　合点、抜身はこれだ、この通り。買って出ろ、喧嘩を。後には俺が控えてる。

グレゴリ　おや、貴様、尻に帆かけて逃げる気か？

サムソン　大丈夫、怖がるなよ。

グレゴリ　チェッ、こいつ。手前なんぞ怖がるかい。

サムソン　おい、やっぱり、こっちは好い子になっとこうぜ。仕掛けは向うにやらせろよ。

グレゴリ　じゃ、擦れ違いに、イヒヒヒを一つやるからな、どう取るかは先方《さき》様の御勝手だ。

サムソン　そこは向うの度胸次第。ところで、それじゃ俺も*指嚙みを一つかましてやろう。黙って通りゃ、こいつは向うの面汚しだ。

モンタギュー家の下人エイブラハムとバルサザー登場。

エイブラハム　貴公は、われわれに向かって指嚙みをされるのだな？

サムソン　いや、ただ指を嚙んでいるだけで。

エイブラハム　だから、われわれに向かって指嚙みをされるのだな？

サムソン　〔グレゴリに向かって傍白〕　おい、言い分はこっちのもんだろうな、ウンと言っても？

グレゴリ　駄目、駄目。

サムソン　飛んでもない、指嚙みなどした覚えはない、ただ指を嚙んでいるだけだ。

グレゴリ　喧嘩を売る気か？

エイブラハム　喧嘩を売る？　飛んでもないことだ。

サムソン　売る気なりゃ、相手は俺が引き受けた。われわれとても立派な主人持ち、貴公等の主人に劣《ひ》けはとらぬぞ。

エイブラハム　といって、威張るほどでもあるまいが。

サムソン　いや、なるほどな。

グレゴリ　格が違わァと、そう言うんだ。ほら、来たぜ、殿の身内のお一人が。

サムソン　どっこい、格が違わァ。

エイブラハム　嘘吐け。

グレゴリ　男なら、抜いてみろ。おい、グレゴリ、頼むぜ、凄いとこ一本。

ベンヴォーリオ登場。

ベンヴォーリオ　馬鹿野郎ども、双方引いた！　やい、納めろ、剣を。このお先真暗の向不見野郎どもが。

ティボルト登場。

ティボルト　なんだと、こんな腰抜野郎ども相手に剣など抜いて、どうしようというんだ。やい、ベンヴォーリオ、相手は俺だ、観念しろ。

ベンヴォーリオ　俺は仲裁に入っただけのこと。貴様こそ剣を納めたらどうだ。

それとも力をかして、こいつらを、それで引き分けてもらいたい。

ティボルト　なに、抜身をさげての示談話だと？　聞いただけでも虫ずが走るわ。地獄と一切モンタギューの奴等は——貴様もそうだが、それほどいやだ。さあ、行くぞ、腰抜け！

両家の者数人、それぞれ登場、喧嘩に加わる。つづいて市民たち、棍棒をもって登場。」

市民たち　棒だ、棒だ！　槍だ！　矛だ！　打ちのめせ！　叩き伏せろ！　キャピュレット方をやっつけろ！　モンタギュー方をやっつけろ！

キャピュレット、部屋着のままで、夫人を伴って登場。

キャピュレット　何事じゃ、この騒ぎは？　おい、長剣をよこせ、わしの。

キャピュレット夫人　いいえ、杖、松葉杖ですのよ。あなたまでが、なにしに長い剣などを？

キャピュレット　ええい、剣だというのに！　モンタギューの奴めが来るではないか。白刃など振りまわして、まるでわしへの面当てだ。

モンタギューとモンタギュー夫人登場。

モンタギュー　おのれ、キャピュレットの奴め！　止めるな、放せ！

モンタギュー夫人　一歩も動かせは致しません、われと刃傷沙汰をお求めになったりして。

ヴェロナ太守、従者を伴って登場。

太　守　治安を乱す不逞の輩《やから》、してまた、
隣人の血潮をもって刃を汚す不埒の徒《ともがら》——
なんと、聞く耳持たぬというのか？　ここな、人の皮着た獣めら！
おのれらは、怖ろしいその瞋恚の炎を消すに、
われとわが血管より流れる、鮮血の泉をもってしようというのか。
拷問がこわくば、血に飢えたその手から、
今こそ凶器を投げ棄てて、
怒れる太守の言葉を聴け。
汝、キャピュレット、してまたこなた、モンタギュー、
汝等両人は、つまらぬ言葉のきっかけから、
三たび騒ぎを醸し出し、三たび市内の治安をかき乱した。
ために、ヴェロナの故老どもも、つい老の手に
ふさわしい杖をすて、無用に錆びた矛などを、
劣らぬこれも老の手に振りかざし、汝等の心に錆びついた

憎しみの中に、割って入らねばならぬことにもなる。
向後、二度と市中を騒がすにおいては、汝等の生命は、
治安擾乱の責としてきっと申し受けるぞ。
今度だけは、余の者はすべて帰ってよろしい。
だが、キャピュレット、貴殿だけはわしと一緒に来なさい。
それからモンタギュー、貴殿は今日午後、
市の法廷フリータウン*まで出頭してもらいたい、
この件に関し、今少しわしの考えを申し聞けるから。
重ねて言うが、生命が措しくば、皆々立ち去るがよい。

〔モンタギュー、同夫人、ベンヴォーリオの三人を残して、一同退場〕

モンタギュー　何者だ、この古い争い《いさか》をまたしてもかき立てたのは？
これ、ベンヴォーリオ、貴様は最初から居合わせたのか？

ベンヴォーリオ　いや、敵方の下人どもと、伯父上の下人どもとが、
ちょうどここで切り結んでいる、そこへ私が来合わせたのです。
私も剣を抜き合わせて、双方を分けようとしていますと、
偶〻また向うから、あの猪武者のティボルトめが、
これも抜身を提げて来合わすという工合。奴め、いきなり

私に戦を挑むと、振りかぶるなり、風を切って振り廻すのですが、
あいにく風の方じゃ、嘲り顔にヒューヒュー音を立てるばかり、
そんな風で、われわれ互いに切り結んでいるうちに、
ますます人数は馳せ加わり、それぞれ別れて戦っているところへ、
太守が見えて、お引き分けになったというわけです。

モンタギュー夫人　おお、ロミオは何処へ行きました？　今日お会いになって？
この喧嘩に、幸いあの子が居合わせないで、ほんとにようございましたわ。

ベンヴォーリオ　いや、伯母上、今朝、あの日の神が、東の空の
金色《こんじき》の窓から、顔を出します一時間ばかり前、
私は胸の悶えに耐えかねて、起き出たのですが、
ちょうど市《まち》の西はずれの鈴懸の森、
あの森蔭を通りかかりますと、そんな早い時間に、
ロミオ君がこれも起き出して、散歩しているのです。
近づいて行くと、向うでもそれと気がついて、
そっと茂みの奥へ隠れてしまわれましたが、
そこは私自身の心持からも、つまり人ひとり居る時こそ、
却って一番物思いの忙しい時だということを察してですね、

彼は彼、私は私という気持になり、向うの避けるのを幸いに、
こちらも喜んで避けてしまったのです。

モンタギュー　あれの姿は、幾朝となくあそこで見られたそうだ。
朝明けの露に、涙を結び添えるやら、さては深い溜息に、
さらでも濃い雲に、さらに雲を増しながらな。
だが、それも雲吹き払うあの日の光が、
はるか東の空に、暁の女神の臥床《ふしど》から、
その小暗い帷《とばり》をかかげ始めるか始めぬかに、
もうあれの暗い心は、却って明るみを避けて、
そっと家に忍び帰り、ただ一人部屋に閉じこもると、
窓を閉じ、美しい光を締め出して、
われからと夜の暗さをつくるのだ。
こうした気持、これはきっと不祥の前兆に決まっている、
なんとかして、その原因を除かぬことにはな。

ベンヴォーリオ　伯父上、原因はお判りなのですか？

モンタギュー　いや、知らぬ。それに、聞いても言わない。

ベンヴォーリオ　なんとか、強《た》ってお訊ねになったことはないのですか？

モンタギュー　わしも聞いてみたし、友人たちにも聞いてもらった。
だが、奴は胸のうちを、ただ己れの心に打明けるだけで、
その点、わが胸一つにはひどく義理を立て、――といって
これがどこまで自己に忠なる所以《ゆえん》か、それは疑問だがな――
とにかく堅く秘密を守っている。探りも、突きとめも利かぬことは、
まるで蕾が、その芳しい花弁を風に開き、
あでやかな姿を日の神に捧げぬ先に、
はや意地悪い害虫の蝕むところとなったようなものだ。
悲しみの原因《もと》さえわかれば、すぐにも療法を求め、
すぐにも施してやりたいのだが。

ロミオ登場。

ベンヴォーリオ　おお、ロミオ君だ。どうかこの場を外して下さい、
余程のことでもない限り、きっと悲しみの原因《もと》を探り出しますから。
モンタギュー　では、ここにいて、巧く本当の肚を
聞き出してもらいたい。さあ、お前も、行こう。

〔モンタギュー、同夫人退場〕

ベンヴォーリオ　お早う、ロミオ君。
ロミオ　まだそんなに早いのかね？
ベンヴォーリオ　九時を打ったばかりだ。
ロミオ　そうか、憂《うれ》いに永き日の思いか。
今、あの急いで行ったのは親父だね？
ベンヴォーリオ　そうだ。だが、それにしても何の憂いで日が永いのだ？
ロミオ　わが物となれば時も忘れる　そのあるものがないためさ。
ベンヴォーリオ　恋か？
ロミオ　いや、恋の——
ベンヴォーリオ　かなわぬ嘆きだな？
ロミオ　わが思う人の思わぬその恨みさ。
ベンヴォーリオ　やれやれ、外目《よそめ》にはしおらしいあの恋が、
正体は、これほどむごい悪性者だとはなあ！
ロミオ　それにしても、常住《じょうじゅう》目かくしのはずの恋の奴めが
眼は無くとも、思いのままに目的《めあて》の胸に忍びこむとはなあ！
おい、何処で食事をする？　おお、そうだ、どんな喧嘩だったのだ？
なに、いや、もう結構、みんな聞いて知っている。

憎しみ故の騒ぎも騒ぎだが、もっと苦しいのは恋故の悩みさ。
そういえば、諍《いさか》いながらの愛……愛する故の憎しみ……
ああ、そもそもが無から生まれた有……
心沈む浮気の恋……大真面目の戯《たわむ》れ心……
外目は美しい物みなのつくり出す醜い混沌……
鉛の鳥毛、輝く煙、冷い火、病める健康……
眠りとは呼べ、真実の眠りならぬ覚めての眠り……
微塵も恋心わかぬこの僕が、しかもその恋をしているのだ。
おかしいとは思わないか？
ベンヴォーリオ　どうして、泣きたいくらいだ。
ロミオ　やさしの友よ、訊くは、一体何をだ？
ベンヴォーリオ　やさしいのはそっち、君の心の重荷をだ。
ロミオ　あいにく、そいつは、愛の情けが却って仇だ。
僕一人の悲しみだけで、この胸はもう一杯だのに、
その上に、まだ君の悲しみまで背負わせて、
さらにも悲しみをひどくしようというのか？
せっかくだが、さらでだに重い僕の悲しみを増すばかりだ。

恋とはね、いわば深い溜息とともに立ち昇る烟、
浄められては、恋人の瞳に閃く火ともなれば、
乱されては、恋人の涙に溢れる大海ともなる。
それだけのものさ。ひどく分別くさい狂気、
息の根もとまる苦汁かと思えば、生命を養う甘露でもある。
じゃ、失敬、ベンヴォーリオ。

ベンヴォーリオ　待て、僕も一緒に行く。
こんな風で、置いてきぼりにして行くなんて、ひどいぜ、君。

ロミオ　僕の方こそ迷い子なんだよ。ここにあって、ここにあらず。
これはもうロミオじゃない。ロミオは何処かほかにいる。

ベンヴォーリオ　＊真剣な話、恋の相手は誰なんだ？

ロミオ　なに、真剣勝負で、言えというのかい？

ベンヴォーリオ　真剣勝負？　冗談じゃない。
誰だか、真剣に言ってくれと言ってるだけだよ。

ロミオ　それなら、病人に遺書を書けと言え。こいつはまさに真剣だ。
それにしても、心に病を持つ人間に、なんという不吉な言葉だ。
真剣に言うがね、ベンヴォーリオ、僕はある女を恋している。

ベンヴォーリオ　やっぱり図星だ、恋だと、僕も睨んだのだが。
ロミオ　狙いは名人、すばらしいぞ！　ところでいいか、女は美人。
ベンヴォーリオ　なるほど、やっぱり金的は一番に射留められる。
ロミオ　ところが、今度は飛んだ藪睨みだ。この女、
キューピッドの矢じゃいっかな落ちぬ。まず月の女神の分別があり、
南蛮鉄は純潔の鎧に身固めしたところ、
可愛い恋のヘロヘロ矢くらいじゃ、擦《かす》り傷一つ負わぬ。
言い寄る口舌《くぜつ》の囲みにも潰えず、恋の流し眼、
この攻め手にも、いっかな応じては出て来ぬし、
聖者も迷う黄金の誘いにも、どうして前を開きはせぬ。
ああ、せっかく麗しさに恵まれた身も、宝を抱いて死んだんじゃ、
種《たね》もろともに滅びるわけ、その点じゃ拙い運命《さだめ》というものだ。
ベンヴォーリオ　じゃ、一生独身を立て通す誓いでもしているのかい？
ロミオ　そうさ、ところがその物惜しみがね、実は途方もない無駄遣いなんだ。
なぜといって、美という奴は情知らずに飢えさせると、
結局子々孫々の美しさまで、摘みとってしまうことになる。
あの美しい、あの賢い、いや、賢《さか》しくも美しい女がさ、

僕を絶望させて、まさか天の祝福に与るはずはあるまい。
あの女《ひと》は、一切恋の思いを断わったという、おかげで
今その話をしているこの僕は、もう生ける屍も同然なのだ。
ベンヴォーリオ　僕の言うことを聞くんだね、その女《ひと》のことは忘れ給え。
ロミオ　ああ、どうしたら忘れられるのか、それからまず教えてくれ。
ベンヴォーリオ　もう少し、君の眼を自由にしてやるのさ、
もっと他の美人も視て見給え。
ロミオ　それは、却って
あの女《ひと》のすばらしい美しさを、余計引き立てるばかりだよ。
美しい女の額《ぬか》に接吻《くちづけ》する、羨しい仮面《*マスク》を見給え、
黒ければこそ、却って蔭に隠れた白い顔を思わせるのだ。
突然に盲《めし》いた男というものは、失った視力という
貴い宝、それを決して忘れることはできないのだ。
絶世の美人とやらを、見せるなら見せてくれてもよい、
だが、なんの役に立つだろうか。結局ただ、さらに一きわ立ち優った
あの女《ひと》の姿を思わせる、いわば心の覚書になるだけさ。
失敬しよう。忘れてしまう方法など、君などに教えられるものか。

ベンヴォーリオ　いずれ忘れずに伝授する、忘れ死はしないつもりだから。〔両人退場〕

第二場——街*上。

キャピュレット、パリス及び召使登場。

キャピュレット　だが、わしばかりではない、モンタギューも同様、咎めも同じい、両成敗ということに相成った。それに、思うに、われら如き老人にとっては、争いをやめることも困難ではない。

パリス　お二人とも、聞えた名門でいられながら、長い間、まるで犬と猿の間柄でいられるのは残念な次第。だが、それはとにかくとして、私のお願いはいかがでしょう？

キャピュレット　それはもう、前申し上げたことを繰返すだけのこと、娘はまだ、全くの世間知らずでございましてな、まだ十四の春も迎えていませんような始末、娘盛り、せめてもう二夏の繁りを過ぎませんことには、嫁入り頃とは、どうもまだ思えませんのでね。

パリス　だが、もっと若くて、幸福に母親になっている人もありますが。

キャピュレット　だが、成るに早いは、壊《くず》るるにも早い、とか申してな。
わしも、子供にはみんな先立たれてしまい、残る楽しみは
あの娘ばかり、あの娘だけが、この世での希望《のぞみ》の一切というわけです。
だが、パリス君、とにかく本人に言い寄って、心をつかむことですよ。
わしの意向などは、彼女《あれ》の承知へのほんの添物にすぎん。
彼女《あれ》さえウンと言えば、わしの同意、承諾などは、
むろん彼女の選択の外へは出ない。ところで、
今夜は、恒例の宴会を開く運びになっておりましてな、
気の合う人たちを、大勢お招きしてあるのだが、
そこで、君もですな、最大の珍客として、
ぜひ一枚加わっていただけるなら、それだけ賑やかさが添う道理。
ぜひ期待してもらいたいのだが、今夜ばかりは、
数ならぬわしの家も、闇の夜空を明るくする、いわばこの世の
星とでも申そうか、美人たちの姿が見られるはずですよ。
歩みもどかしい冬の跡を追って、装い華やかな
春が訪れる時、いつも元気な若者たちが感じる
あの喜び、まさにそれに似た喜びを、今夜はわしの家で、

経験してもらえるつもりですよ、花ならば
蕾という処女《おとめ》たちに立ち交りながらな。よく見、よく聴いて、
これが一番と思われるのを、好きになられるがよろしい。
とくと御覧になられてな、――むろん娘もいましょうが、
これはただ数に列なるだけのこと、物の数には入りますまいて。
さあ、御一緒に参りましょう。〔召使に紙片を渡しながら〕これ、お前は、
ヴェロナ中を駆けめぐって、ここにある名前の方々を、
ちゃんと探しあてて申し上げるのだ、ぜひとも今夜は、
お出でをお待ち申し上げておりますとな。〔キャピュレットとパリス退場〕

召　使　ここに書いてある旦那衆を探しあてろだと！　靴屋は物差、仕立屋は足型、漁師は鉛筆、
画家《えかき》は網と、それぞれの商売道具なら、そいつはちゃんと物の本にも出てるだが、俺への命《いい》
令《つけ》は、ここに書いてある名前の旦那衆を探しあてろって言うことだ。ところが、なにせどん
な名前が書いてあるんだか、そいつが皆目見あたらねえ。学のある旦那にでも、聞かにゃな
るまいて、――おっと、いい塩梅だ。

ベンヴォーリオとロミオ登場。

ベンヴォーリオ　チェッ、ねえ、君、火を制するには火に如かず、

新しい痛みは、古い苦痛を消すという。
グルグル廻って眼が廻りゃ、逆《さかさ》に廻って癒すに限る。
どんなに激しい悲しみも、別のができれば忘れるものさ。
君なんぞも、その眼がなにか新しい病気にかかるとよい、
すれば、きっと古い方の病気は消えてしまう。

ロミオ　それにはね、例のオオバコの薬が妙薬だとさ。

ベンヴォーリオ　妙薬？　何のだ？

ロミオ　　　　　　怪我のさ、向う脛の。

ベンヴォーリオ　おい、ロミオ、貴様気でも狂ったのか？

ロミオ　狂っちゃいない、だが、考えてみりゃ狂人以上の窮屈さだ。
牢屋につながれて、食物はもらえず、
笞打ちはされる、折檻は受ける、——*いよう、おい、どうだ。

召使　旦那様、御免下せえまし。旦那は字がお読めになりますだかね？

ロミオ　読めるぜ、自分のみじめな運命くらいはね。

召使　そりゃ、旦那、本でお読みになったんじゃねえだよ。お伺い申してるなァね、
目で見て、ちゃんとお読めになれますだかね、ちゅうことだよ。

ロミオ　そりゃできる、文字と言葉さえ知ってりゃね。

召使　なんと正直な御挨拶だ。じゃ、もう失礼しますでがす。

ロミオ　おい、待て、読める、読めるぞ。〔紙片を読む〕『マルティーノ殿、同夫人並びに令嬢方、アンセルム伯爵、同じく令妹方。ヴィトルーヴィオ御後室様。プラセンシオ殿並びに同令姪方。マキューシオ、並びに弟ヴァレンタイン。キャピュレット叔父上、同夫人並びに令嬢方。姪ロザライン、リヴィア。ヴァレンシオ殿、同従弟ティボルト。ルーシオ、並びにヘレナ嬢。』すばらしい顔触れ、どこへ集まるのだ？

召使　手前当家へ。

ロミオ　だから何処へなのだ？

召使　晩餐に、手前どものお邸へ。

ロミオ　誰のお邸なんだ？

召使　手前主人の。

ロミオ　なるほど、それを先に聞くのだったな。

召使　お訊ねなくとも申し上げますだよ。主人と申しますのはな、あの物持ちのキャピュレット様でございますだがね。ところで、もし旦那がモンタギュー家の御方なら別だが、でなきゃ、どうぞお出でなすって、いっぱい召し上がって下せえまし。では、失礼致しますで。〔退場〕

ベンヴォーリオ　このキャピュレット家の古い慣例《しきたり》の宴会にはね、

君の恋する美しいロザラインも来ているはずだ、
ヴェロナ中の美人という美人は、一人残らず同席でね。
君も行き給え、そして一つ、囚われない眼でもって、
あのロザラインの顔と、僕が教えるある女とを比べてみるのだ。
君のいわゆる白鳥を、まるで烏のようにして見せてやるから。

ロミオ　敬虔な、信仰にも似た気持で仰いでいるこの僕の眼が、
かりにもそんな偽りを言うとすれば、涙は炎に変ってしまえ。
そして幾度か涙の河に溺れながら、まだ死に切れぬこの両の眼、
見え透いた異端者どもを、偽り者として焼き殺してくれ。
僕のロザラインよりも美しい女だと？　万物照覧のあの日の神でさえ、
この世はじまって以来、あの女《ひと》ほどの美人を見たことはないはずだ。

ベンヴォーリオ　チェッ、君はあの女を美人と見た、だが、それは他に誰もいない時、
ただあの女一人を、君の双の眼にかけて比べ合わせていたのだよ。
だから、今度は一つ、その水晶の秤皿に、一方には君の恋しい人、
もう一方には、今夜宴会で見せてやる、あるすばらしい別の女、
それを載せて、秤り比べてみるがよい。今じゃ
一番のつもりのその女が、まず相当に見えればめっけものだ。

ロミオ　行くとも、但しそんな美人が見たいからじゃない。
僕のあの女《ひと》のすばらしさ、それを楽しむためだがね。

第三場――キャピュレット家の一室。*

キャピュレット夫人と乳母登場。

キャピュレット夫人　乳母《ばあや》、何処にいます、ジュリエットは？　ここへ呼んでおくれ。

乳母　あれまあ、私のあの処女《むすめ》の印にかけましてね、と申しましても、なに、十二の時のあれじゃございますがね、――ちゃんとお呼び申したはずでございますのにねえ。仔羊さんのお嬢様ァ！　テントウ虫のお嬢様ァ！　あれまあ、私としたことが、――お嬢様ったら、どこにいらっしゃいましたんでしょうね　え？　ジュリエット様！

ジュリエット登場。

ジュリエット　まあ、どうしたの？　だれがお呼び？

乳母　お母様でございますよ。

お母様、ここよ。

ジュリエット　なに御用？

キャピュレット夫人　実はねえ、――乳母《ばあや》、ちょっと座を外しておくれ、内密の話だもんだからね。――ああ、乳母、やっぱりここへ来ておくれ。そうだった、お前にも聞いておいてもらわなくちゃいけないわねえ。お前も知っての通り、娘《これ》も、もうそろそろ年頃なんでねえ。

乳母　そうでございますとも、お嬢様のお齢なら、乳母はもう何日何時間というところまで承知致しております。

キャピュレット夫人　ところが、まだ満十四にはならないのだよ。

乳母　そうでございますとも、なんなら私のこの歯を十四本お賭け致しましてもよろしゅうございます、――ところが奥様、*ハカケなや、それがもう四本しかございませんのでなァ、――ところで奥様、八朔までは、あともう何日ございましたかしら？

キャピュレット夫人　二週間と、ちょっとじゃない。

乳母　ちょっとだか、そっとだか、それは存じませんがね、一年と申せば、日もたくさんございましょうにね、奥様、お嬢様が十四におなり遊ばすのが、ちょうど、その八朔の晩でございますよ。そう申せば、私の娘のスーザン――やれやれ、ナムアミダブ、ナムアミダブ——
あれがちょうどお嬢様と同年でございましてね。ああ、あれも神様のお召しに与りましたが、
過ぎものでございましたよ、私などにはね、——まあまあ、それはそれと致しまして、
そうでございますとも、八朔の晩で、はじめてお嬢様は十四におなり遊ばすんで。
間違いございませんとも、乳母《ばあや》は、よっく憶えておりますですよ。
ほら、あの地震*がございましたっけが、あれからちょうど十一年になりますんでね、
忘れも致しませんよ、お嬢様のお乳離れの日と申しますのがな、まあ一年と申せば、
日もたんとございましょうにな、奥様、折も折、ちょうどその日でございましたもんで。
と申しますのがね、奥様、ちょうどあの日、私は乳首に苦蓬《にがよもぎ》の汁を塗りましてね、
鳩小屋の壁際で日向ぼっこをしておりましたですよ、そうそう、そうでございます、
旦那様と奥様は、マンチュアへお出かけで、御留守でございましたっけ。
なあに、乳母だって、それくらいのことはちゃんと憶えておりますとも。ところがでござ
いますね、
今も申しましたようにな、お嬢様としたことが、乳首の苦蓬をお嘗めになりますとね、
苦いもんでございましょう、それがお可愛いったら、すっかりおむつかりになりましてね、
私の乳首をお叱りになるんでございますよ。折も折、ちょうどその時でございましたっけ、
鳩小屋がガタガタと申しましてね、そうなりゃもうお暇《ひま》だ、出てけ、もなにも、

あったもんじゃございませんよ、大急ぎで駆け出しましたっけ。
さあ、それからが、奥様、はやもう十一年でございますからねえ。あの頃だって、
お嬢様はもう立派に一人立ちなさいましたし、それどころじゃございません、
もうチョコチョコ、駆け歩きもおできになりましたんでございますものねえ。
そうそう、その前日《まえび》でございましたっけ、転んでオデコに御怪我をなさいましたのが。
それでね、あなた、主人《たく》が、——やれやれ、ナムアミダブ、ナムアミダブ——
あれで、主人ってのが、そりゃ面白い人間でございましたっけが、——すぐと抱き起して差し上げますとね、
申すことがいいじゃございませんの、『ああ、よしよし、うつ伏せにお転びですかい？
なに、もう少しお利口にならしゃったら、仰向けにお転びなさいましよ、
よござんすかい、お嬢様、』って申しましてね、すると、あなた、びっくり致しますじゃございませんの、
赤様ったら、ピタリッとお泣き止みになって、ウンウンっておっしゃるんでございますよ。
それがまあ、とうとう真《ほん》のことになるのかと思いますとな、奥様——
そりゃもう、乳母《ばあや》忘れは致しませんとも、たとえ千年長生き致しましたところでな。
『よござんすかい』って、そう主人が申し上げますとね、まあ、お嬢様ったら、
ピタリッとお泣き止みになって、ウンウンっておっしゃるじゃございませんの。

キャピュレット夫人　もうその話は沢山。後生だから黙って。

乳　母　はいはい、でも、奥様、笑わずにはいられないじゃございませんの。ピタリッとお泣き止みになって、ウンウンっておっしゃるんでございましょう。でも、そうそう、そのオデコにね、奥様、可愛いヒヨッコのお睾丸《きんたま》ほどのコブなどおこさえになりましてね、そりゃほんに危いことでございましたっけ。すっかりおむつかりになりますもんで、つい主人《たく》が、『ああ、よしよし、うつ伏せにお転びですかい？　今に大人にならしゃったら、仰向けにお転びなさいましよ、よござんすかい、お嬢様、』って、そう申し上げますとな、すると、あなた、お泣き止みになって、ウンウンっておっしゃるじゃございませんの。

キャピュレット夫人　だから、お前の話も止めておくれと言ってるじゃないの。

乳　母　はいはい、この通り止めましてございます。お嬢様のお幸福《しあわせ》をお祈り致します。乳母も、お嬢様くらいお美しい赤様にお乳を差し上げましたことはございません。精々長生き致しまして、これでお嬢様のお嫁入りまで見せていただきますりゃ、もうなにも申すことはございません。

キャピュレット夫人　そうそう、そのお嫁入り話なのよ、わざわざ私が話しに来たのは。ねえ、ジュリエット、あなたは一体どういう気持ちなの、結婚するということについて？

ジュリエット　そんな身に過ぎたこと、まだ考えてみたこともありませんわ。
乳　母　身に過ぎたこと？　まあ、お利口な！　あいにくお乳の役が、乳母一人だもんで、申し
　　上げにくいんでございますが、
でなきゃ、そのお智慧、それこそこの乳母のお乳の功徳なんでと、そう申し上げたいところ
　　でございますがねェ。
キャピュレット夫人　それじゃ一つ、結婚のことも考えてみておくれ。
このヴェロナでも、立派なお嬢様方で、あなたよりは年下で、
ちゃんともうお母様になっていらっしゃる方もあるのだから。考えてみると、
お母様なども、あなたこそまだ娘でいるけれど、あなたの年頃には、
もうあなたという子供があったのですものねェ。だから、言っちまうけれど、
実はあのパリス様が、ぜひあなたを貰いたいとおっしゃるのよ。
乳　母　これは、まあ、お嬢様、あのパリス様が――あのまあ世にも、あなた――
ええ、ええ、まるで蠟細工のような殿御じゃございません。
キャピュレット夫人　そう、ヴェロナの夏にも、あの方ほどの美しい花は見られない。
乳　母　いえ、いえ、パリス様こそ、花も花、ほんとうの花でございますよ。
キャピュレット夫人　それで、あなた、どう？　あの方を愛することができて？
今夜も、きっと宴会で、お目にかかれるはずだから、

よくお顔を拝見するといいわ、本でも読むみたいに。
そして美というペンが書留めている喜びを、精々見つけ出すことよ。
お顔の造作が、一つ一つどんなにかよく調和がとれ、
どんなにお互い助け合って、中身を引き立てているか。
そしてこの美しい書物《ほん》の面にも現われてないところは、
眼という傍注にちゃんと出ているはずだからね。
まだかんじんの綴じこそできていないけれど、この素晴らしい愛の書《ふみ》、
欲しいのはあと表紙だけ、それさえ添えばほんとうに美しい。
*海も、魚が住んでいてこそいいのよ。目に見える美しさは、
目に見えぬ美しさを、内に匿していることが大きな誇りだし、
黄金《こがね》の留金《とめがね》の間に、黄金の物語を秘めているような書物、
そうした書物であってはじめて、世間の賞美を受けるものなのよ。
だから、あなたもね、ああした方を夫に持てば、あの方のものはみんな、
あなたのものになるってわけ、あなた自身には何にも失《な》くさないでね。

乳母　お失くしになるどころか、お肥りになるばかり。女子というものは、男で肥るともう決まっておりますもんで。

キャピュレット夫人　一言でいいから。パリス様を好きになれそう、どう?

ジュリエット　好きになれるように、お目にかかってみるわ、眼で見て、それで好きになれるものならね。でも、それはお母様のお許しの範囲内でだけよ、――それ以上深く、私の視線の矢を飛ばせることはお断わりだわ。

召使登場。

召使　奥様、お客様方の御到着でございます。食事の支度は出来上り、奥様は旦那様がお呼びの、お嬢様は皆様お待兼ねの、乳母は台所で散々の、いやはや、右も左もテンヤワンヤという次第。手前はこれよりすぐさま御接待の御役目。どうぞ皆様、すぐにお出で下さいますように。〔召使退場〕

キャピュレット夫人　すぐ参りますよ。ジュリエット、伯爵様お待ちですよ。

乳母　さあさ、お嬢様、嬉しい日に添え嬉しい夜、精々お逃しなさいますな。〔一同退場〕

第四場――街* 上。

ロミオ、マキューシオ、ベンヴォーリオ、及び数人の仮装舞踏会出席者、炬火持ち、その他登場。

ロミオ　どうだ、言い訳にこの口上をしゃべるとしようか。

それとも断わりなしに乗り込むか？
ベンヴォーリオ　そんな廻りくどいことは、当節もう流行らないよ。
絹巾《きぬきれ》で目隠ししたキューピッドなんぞに身をやつし、
色彩《いろどり》仰山な玩具のトルコ弓など抱えてさ、
カガシみたいに女どもをおどかすのは、もう止そう。
それから、丸暗記の覚束ない前口上だが、
後見つきでヘドモド述べたてるなど、これも抜きだ。
どう思おうと、思うのは先方様《さき》の勝手だよ、
こつちは勝手に一踊り、さっさと踊って引き上げようじゃないか。
ロミオ　僕に炬火をよこせ。僕はとても浮いた気持ちにはなれん。
なにしろ心が暗いんだから、せめて明りでも持つとしよう。*
マキューシオ　駄目、駄目、ロミオ、君にこそぜひ踊ってもらいたいのだ。
ロミオ　いや、僕は御免だ。君こそ軽やかな底をした
舞踏靴を穿いているが、僕の心の底は鉛だよ、
しっかり大地に食いついて、動くこともできやしない。
マキューシオ　恋人役は君なんだぞ。キューピッドの
翼でもかりて、大空高く天翔けろよ。

ロミオ　それどころか、僕はすっかり奴の矢先にかけられて
あんな羽毛《はね》などで、天翔けるどころの騒ぎじゃない。
心は矢竹に逸っても、高が悲しみ一つ越えられぬ始末、
僕はもう恋の重荷にひしがれて、沈んでゆくばかりだ。
マキューシオ　君が重荷で沈んじゃァ、重荷は恋にかかるだけ、
やさしい恋には、ちと重すぎようぜ。
ロミオ　恋をやさしいものだとねえ？　恋はつらい、
あまりに残酷だ、暴君だ、茨のように人を刺す。
マキューシオ　恋が君につらければ、君も恋につらければよい。
向うが刺せば、こっちも刺せ。すりゃ恋が負けに決まってる。
ところで、*俺の面《つら》隠しの仮面《マスク》をくれ。やれやれ、
ヒョットコ面《づら》にヒョットコ面《めん》か！　ええい、見たくば見やがれ、
俺の醜男《ぶおとこ》振りがそれほど物珍しいなら！
赤面する方は、代りにこの張出しオデコがしてくれるさ。
ベンヴォーリオ　さあ、ノックして入ろう。ところで入ったら、いいか、
みんな一斉に踊り出すんだぜ。
ロミオ　炬火をよこせ。陽気な浮かれ男こそ、

生命ない*燈心草を靴の踵でくすぐるがよい。
僕はあの古い言草じゃないが、
*岡目八目、ローソク持ちと行こう。
いい潮時だ、*僕はおりる。

マキューシオ　チェッ、*おりもの、腫れもの御用心と、こいつは娘か。
*君がおりるんなら、僕等の力で引き上げてやろう、失礼だが、
君が首ったけはまりこんでる、その恋のドブ沼からね。——
おい、これはつまらん*昼行燈《あんどん》だ、さあ、行こう。

ロミオ　おい、そりゃ違うぜ。

マキューシオ　なに、俺の言ってるのはね、
昼間のランプと同じで、グズグズするのは明りの無駄だってこと。
人の言葉は善意にとれよ、その方が、五倍も賢い
分別だよ、*五つに一つの智慧どころじゃない。

ロミオ　なるほど、俺たち舞踏会へ行くのは善意だが、
あんまり賢い智慧じゃァないぜ。

マキューシオ　それはまた何故だ?

ロミオ　昨夜、俺は夢を見た。

マキューシオ　そんなら俺もだ。
ロミオ　ところで、君のその夢は？
マキューシオ　とかく夢みる奴は嘘を吐くっていうね。
ロミオ　就くのは寝床、夢は案外正夢だぜ。
マキューシオ　じゃ、てっきり、貴様、*マブの女王と同衾したな。
あいつはね、*妖精どもの取上げ婆だ。
*市《まち》役人の人差指に光っている、
あの瑪瑙の小石みたいな可愛い姿でやってきてさ、
車を曳くのは芥子粒ほどのあの小人ども、
寝ている人間の鼻の上を、音も立てずにお通りだ。
車の輻《や》は、足長蜘蛛の長い脛《はぎ》、
覆いはイナゴの薄い羽根
索《ひ》き綱は可愛い小蜘蛛の糸、
頸輪は濡れた月の光、
コオロギの骨の鞭に、糸遊《いとゆう》の革紐、
御者は御者で、*尻の重い娘っ子が、
指の先からほじくり出すあの円い小虫の、

その半分もない、鼠ずくめの小アブときてる。
車は空《から》のハシバミの実、作る大工は
リスと地虫、こいつは大昔からお決まりの、
妖精どもの車づくりさ。
ところで、毎晩この供揃えでお通りになる、それが、
もし恋人どもの頭の中なら、たちまち恋の夢になり、
大宮人の膝ならば、さしずめお辞儀の夢だろう。
弁護士の指先をお渡りだと、途端にお礼の金の夢になり、
美人の唇だと、これはテキメン接吻の夢だ、
もっとも時々、呼吸に菓子の匂いがするとかで、
女王め、ひどく腹を立て、唇にタダレをこさえることがあるそうだ。
大宮人の鼻の上を駆け抜けては、
官職にありつく夢を見せるかと思やァね、
今度は教会税*の豚の尻尾、こいつでもって、
寝ている牧師の鼻先をくすぐるのだ、
すると、牧師殿、いい気で寺領のふえる夢を見る。
かと思えばまた、軍人の頸筋をお通りになると、

夢は、まず敵の首取る夢にはじまって、
突入、伏勢、スペイン物の銘刀から、
さては飲めよ、歌えと底抜けの祝盃、
と、たちまちひびく太鼓の音に、ハッと驚き覚めたはよいが、
なにかブツクサ、罰当りなお祈りを呟くと、
またぞろ寝込んでしまうって始末。いや、まだある、
夜中に馬のタテガミを、組み編みに結うてみたり、さては
*おヒキズリの髪の毛をもつれさせて、解けたら、
不幸の前兆になるという、――みんなマブの奴めの悪戯だ。
まだあるぞ、仰向けに寝ている娘っ児どもを、
上からジッと押しつけて、早手廻しだが、
重味に堪える稽古をさせ、これなら結構亭主持ちがよかろうという、
これも彼女奴《あいつ》の悪戯だし、いや、まだあるぞ――

ロミオ　おい、よせ、マキューシオ、よせったら！

意味がないよ、貴様のおしゃべりは。

マキューシオ　そうとも、とにかく夢の話だからな。
閑人の頭を親にして、とりとめもない空想から生まれる子供、

しかもその空想って奴がさ、まるで空気のように、
実質《なかみ》は空っぽ、その上に、気紛れって点じゃ、風よりひどい、——
今、凍った北の胸に言い寄っているかと思えば、
なにか腹を立てると、たちまち風向きをかえて、
情けの雨を降らしてくれる南の方へ、
ちゃんと顔を向けているという、あの風よりももっとひどい。
ベンヴォーリオ　君のいうその風のお蔭で、僕たちまでも
どうかしてるぞ。夕食もすんだ、遅れるかもしれん。
ロミオ　早すぎるかもしれんくらいだ。僕はなにか胸騒ぎがする、
今のところ、まだ運命の星にかかっているある大事が、
今夜のこの宴をきっかけに、怖ろしい力を働かせ出し、
この胸に秘められた呪わしい生命の期限を、
あるいは不慮の死という忌わしい刑罰の形で、
清算することになるんじゃないかというね。
だが、この上は、僕の人生航路の舵をとって下さる神様に、
ただ導きの手を祈るばかりだ。さあ、元気に行こう、諸君。
ベンヴォーリオ　太鼓を打て、太鼓を！　〔一同退場〕

第五場――キャピュレット家の広間。*

楽手たち控えている。給仕人たち、ナプキンを持って登場。

給仕人一* 何処へ行った、ポットパンの奴は？ ちっとも片付けの手伝いをしやしない。皿一枚下げたか？ 皿一枚拭いたか？

給仕人二 たった一人や二人で御接待ときてる上に、そいつがまた手一つ洗ってねえときちゃ、ひどいのは当り前だ。

給仕人一 さあ、畳椅子を片付けて、食器棚を退《ど》けるんだ。食器類に気をつけな。おい、頼むからな、アンズ菓子を一片、取っといてくれ。それから序でに、こいつもお願いだ、門番にいって、スーザン・グラインドストンとネルを通してやってくれってな。おい、アントニー！ ポットパン！

給仕人三 おい、いるぜ、ここに。

給仕人一 大広間の方で探してるぜ、呼んでるぜ。呼んでるのの、探してるぜだ。

給仕人四 そんなに一度に、あっちもこっちもできるもんか。おい、元気でいこうぜ、みんな。働け、働け、ちっとの間だ、すりゃ、長生きする奴の丸取りだ。

〔キャピュレット、ジュリエット以下家族を伴って登場、客と仮装者を迎える。〕

キャピュレット　これは、皆さま、ようこそ！　足指に肉刺《そこまめ》のできた御婦人方は知らぬこと、
でなければ、みんな一度はあなた方の踊りのお相手をお勧め下さるはず。
いやあ、これは御婦人方、まさか踊りはいやなどと仰《おつしや》る方は、
一人としてござるまいな？　澄まして御遠慮なされる方、これはもう
肉刺《そこまめ》と決まりましたぞ。なんと図星でござろうがな。
いや、ようこそ、皆様！　これでわしだとてな、
昔は仮面《マスク》の一つもつけ、美しい御婦人方の耳許に、
甘い、嬉しい言葉を囁いたこともありましたわい。
だが、それはもう昔の、昔の、大昔と申すもの。
いや、本当にようお出で下された。さあ、やった、やった、音楽じゃ。
さ、ずゥっと広く、場所を開けて、開けて！　さあ、踊ったり、お嬢様方！〔音楽はじまり、皆踊る〕
これこれ、灯りをもっとだ。それからテーブルを畳んで。
それに、火も消してしまえ、これでは部屋が熱すぎる。
いや、これは素敵だ、思いもかけぬ愉快なことに相成った。

いよう、これは御老体、まずこれへ、これへお掛けなさるがよい、
そなたといい、わしといい、お互いに踊りの時節は過ぎましたなァ。
いや、そういえば何年に相成るかな、ほらこの前、御一緒に
仮装舞踏会に出て以来？

キャピュレット一族の一人　たしか三十年にもなりましたかなあ。

キャピュレット　なに、三十年！　とんでもない、そんなはずはないぞ。
そういえば、ルーセンシオの婚礼以来のことじゃが、
＊ペンテコステの祭がだな、かりにいくら早く来るとしてもだ、
まず二十五年というところだ。いや、あの時はお互い踊ったものだった。

キャピュレット一族の一人　いや、もっと、もっと。現に奴の倅がもっと年を食っとる。
たしかあれが三十だよ。

キャピュレット　とんでもないこと、冗談じゃない、
あれは、ほんの二年前まで、まだ後見つきだったはずだ。

ロミオ　〔給仕人に〕あそこの、あの婦人は誰方かね、ほら、あの向うの
騎士の手を取っておられる？

給仕人　いえ、存じません。

ロミオ　おお、一きわ鮮やかなあの美しさ、まるで炬火に輝く術《すべ》を教えているかのようだ！

さながら黒人の耳を飾る、光眩《まばゆ》い宝石のように、
いわば夜の頬に垂れる瓔珞《ようらく》とも見紛うばかり。
日々の用には豊麗すぎ、此の世のものたるにあまりにも貴い。
余の女たちに立ち交じって、一きわ目立つあの美しい姿は、
まるで鴉の群に伍する、雪を欺く白鳩の風情だ。
この踊りが終れば、あの姫の居場所を見届けた上で、
一つあの手に、俺のこのむくつけき手を触れてみたいものだ。
それにしても、俺の心は今まで恋をしたなどといえるだろうか？
眼よ、否と言え！　まことの美しさを眼に見るのは、今宵が初めてだからな。

ティボルト　今の声は、たしかにモンタギュー家のものだ。
おい、俺の剣を持って来い！　畜生、よくも来おったな、
道化の仮面などに身を隠して
この祝いの席を愚弄しようとてか？
おのれ、わが一家一門の面目にかけて、
罪とは思わぬ、きっと叩き殺してくれるぞ。

キャピュレット　これ、どうした、なにをそんなにいきり立っているのだ？

ティボルト　叔父上、モンタギューの奴です、仇敵《かたき》です。

畜生、今夜の祝宴を愚弄しようとて、
これみよがしにやって来ているのです。
キャピュレット　あの若僧のロミオだな？
ティボルト　そうです、ロミオの野郎です。
キャピュレット　いいじゃないか、おい、放っておけ。
様子といい、なすことといい、立派な紳士だよ。
それに本当のことを言えばだな、ヴェロナの市でも、
あれは身持ちも正しい、よく出来た青年だと言って、
自慢にしているくらいだ。たとえこのヴェロナ中の富にかえても、
この家で危害を加えることなどは許さん。
だから、まあ我慢しろ。知らん顔をしていればよいのだ。
いいか、わしの意志だ。尊重するなら、
第一、宴席にふさわしい顔じゃない。
もっと愉快な顔になれ。そんなしかめッ面はよせ、
ティボルト　いや、ふさわしいのです、あんな野郎が来ているからは。
とにかく私は我慢ができん。
キャピュレット　その我慢をするのさ。

これ、おい、しろと言ったらするのだ。馬鹿な。
この家の主人は、わしか？　それとも貴様か？　馬鹿馬鹿しい、
どうしても我慢ができないというのか？　やれやれ、呆れ果てた話だ、
この客人方の中で、なに謀叛気を起そうというのだ！
一騒動起そうというのだな！　いや、驚き入った奴だ！

ティボルト　だが、叔父上、屈辱ですよ、これは。

キャピュレット　　　　　　　　　　　　　　馬鹿馬鹿しい！
うるさい若僧だな、貴様も。屈辱かな、これが？
よくない癖だよ、言っとくが、今にきっと己れに報うてくるぞ。
とにかくわしに逆らってくるとは驚いた話だ！　いい加減にせい。
*〔いや、これは面白い、皆さん。〕うるさい奴だ、馬鹿めが！
静かにせい、さもないと――〔灯り、灯り、もっと灯りだ！〕
見っともない！　黙らせるぞ。〔いや、皆さん、大いに愉快にな。〕

ティボルト　たまらずカッとなってる奴に、無理矢理忍べとは
的外れの挨拶だ。身体中がムズムズする。
帰ろう、おれは。それにしても、よくもうせおったな。
好い気持でいるかもしれんが、今に見ろ、辛き目見せてくれるから。〔退場〕

ロミオ　〔ジュリエットに〕 尊いこの御堂、それをもし私のこの賤しい手が*
汚しているということでありますならば、その償いはこの通り、
私の唇という二人の巡礼が、今こそ優しい接吻《くちつけ》をもって、
手荒なこの痕を拭いとろうと、羞らいながら控えております。
ジュリエット　巡礼様、それはあなたのお手に対して、あまりにもひどい仰《おっしゃ》り方、
これ、この通り、ちゃんとお行儀よく、信心のまことを表しておりますものを。
というのは、もともと聖者の御《み》手は、巡礼たちが手をふれるためのもの、
そして掌と掌と、それを合わせるのが巡礼たちの接吻じゃございません？
ロミオ　だが、唇は聖者にもあり、巡礼にもありましょう。
ジュリエット　でもね、巡礼様、それはお祈りに使おうための唇ですわ。
ロミオ　おお、では私の聖女様、手にお許しになることなら、唇にもお許し下さいませんか？
願わくは許し給え、信仰の、絶望に変らざらんがために、――私の唇の祈りです、これが。
ジュリエット　いいえ、聖者の心は動きませんわ、たとえ祈りにはほだされても。
ロミオ　では、動かないで下さい、祈りの効《しる》しだけをいただく間。〔接吻する〕
さあ、これで私の唇の罪は浄められました、あなたの唇のおかげで。
ジュリエット　では、その拭われた罪とやらは、私の唇が背負うわけね。
ロミオ　私の唇からの罪？　ああ、なんというやさしいお咎めだ、それは！

もう一度その罪をお返し下さい。〔再び接吻する〕

ジュリエット　接吻一つに、ずいぶん難かしいこと仰いますのね。

乳　母　お嬢様、お母様がちょっと御用だそうでございます。

ロミオ　お母様とはだれです？

乳　母　まあ、若旦那様、この家の奥様、お賢くて、お徳の高い、あの親切な奥様に決まっているじゃございませんの。今も若旦那様がお噂のお嬢様、そのお嬢様にお乳を差し上げましたのが、この私でございますよ。まあ、誰方か存じませんが、あのお嬢様をお手にお入れの方は、序でに、御身上《しんしょう》もたんまりというわけで。

ロミオ　〔傍白〕すると、あれはキャピュレットの娘か？　飛んだ高い取り引きだった！　まるで敵に与えた債権だ、俺の生命は。

ベンヴォーリオ　さあ、行こう。歓楽もここらが潮時だ。

キャピュレット　これはまた、皆様、まだお帰りの支度は早い。ほんのつまらん物だが、茶菓の支度もございますでな。*なるほど、そうですか。はて、それでは皆様、今日はまことに有難う。いや、どうも有難う。お機嫌よう、お休みなさい。

これ、もっと灯りをこっちへ！ さあ、それじゃそろそろ寝ようか。
いや、これはこれは、ひどくもうおそいな。
じゃ、わしは寝るぞ。〔ジュリエットと乳母とを残し、一同退場〕

ジュリエット　ねえ、乳母《ばあや》、ちょっと。誰方、あの方は？

乳母　タイビーリオ様のお跡取りでいらっしゃいますよ。

ジュリエット　じゃ、今あの戸口をお出になる方は？

乳母　さあ、多分ペトルーシオ様の若様でございましょう。

ジュリエット　じゃ、そのすぐ後から行かれる方、とうとうお踊りにならなかった方は？

乳母　さあ、存じませんが。

ジュリエット　行って、お名前を聞いてきて頂戴。もしもう奥様がおありなら、
嬉しい晴の新床が、そのまま私の墓場となろうかもしれぬ。

乳母　お名前はロミオ、モンタギュー家のお方、しかも
あの憎い仇敵の家の一人息子だそうでございます。

ジュリエット　たった一つの私の愛が、たった一つの私の憎しみから生まれようとは！
知らないままに、お顔を見るのは早すぎて、知った時にはもうおそい。
それにしても、憎い仇敵《かたき》を愛さなければならないとは、
生まれるとからして、行末の案じられる恋だこと。

乳母　それは、まあ、なんのことでございます？

ジュリエット　いいえ、歌の文句よ、
つい今一緒に踊った方からお習いした。〔舞台奥でジュリエットを呼ぶ声〕

乳母　はい、はい、ただ今！
さあ、参りましょう。お客様方も、もうみんなお帰りでございます。〔両人退場〕

第二幕

序詞

序詞役登場。

序詞役

古き情火は消え果てて、
若き情けぞ萌え出づる。
生命とかけし美女《うましめ》も、
いま色褪せて、ユリエ姫、
かたみに魅する艶姿《あで》、
思い思わるロミオにも、
運命《さだめ》は悲し、仇敵《あだ》なる身、
姫も恋ゆえ、危うさも
忘れて踏むや、針の山。
仇敵《あだ》としあれば、心には
まかせぬ恋の語らいに、

浅き逢瀬を嘆きつも、
苦しみ忘る歓《よろこ》びは、
恋すればこそ、首尾の折々。〔退場〕

第一場——キャピュレット家の庭園*

ロミオ登場。

ロミオ 心はここに残るものを、どうして足が進もう？
引き返せ、鈍いこの土塊《つちくれ》の身、お前の生命の中心を見つけるのだ。*〔ロミオ隠れる〕

ベンヴォーリオ、マキューシオ登場。

ベンヴォーリオ ロミオ！ おーい、ロミオ！

マキューシオ 利口者だからな、彼奴は。
きっと今頃は、もう家に帰って寝ている。

ベンヴォーリオ いや、こっちの方へ駆けて来て、この庭の塀を乗り越えた。
マキューシオ、呼んでみてくれ、君も。

マキューシオ なに、俺は法力で祈り出してやろう。
*南無帰命頂礼、煩悩の奴《やつこ》、恋に狂えるロミオの君に申さく、
汝、溜息の姿にても現われ出でよかし、
せめて歌の一曲《ふし》なりと歌い出で給わば、わが満足はこれに如かじな。

『あな、あわれ』のただ一言、『惚れた』、『はれた』のただ一言、
わが古りし縁女《えにし》ヴィナス神に、いとせめて色好きただ一言なら、
さてはその世嗣の息子、盲いなる若人、――いにし昔、
かの*コフェチュアの王《きみ》が、乞食娘とやらに焦れ給いし折、
いしくもその業示せりという、名だたる弓取りのキューピッド神に、
その綽名の一つなり、と宣り給えかし。聞えぬな、起きぬな、動かぬな？
さてはお*猿どの、死なれたかな？　いよいよもって祈らにゃならぬ。
南無帰命頂礼、今こそロザライン姫が明眸にかけ、
高々と聳ゆるオデコにかけ、紅なす唇にかけ、
さてはかの美《あで》なる足首、直《すぐ》なる脛《はぎ》、わななく深股《ふかもも》、
ついでには、かの辺りの禁断の内庭にかけ、
いでや、真の姿を現わしおろうぞ！

ベンヴォーリオ　もし聞いたら怒るぜ、奴。

マキューシオ　怒るもんか、そりゃ奴の思い女の身体のね、
例の魔法の円《まる》の真中にさ、なにか物騒な金精様でもおっ立てて、
どうでもあの女に、祈り伏せてほしいとでも頼むんなら、
こいつは、なるほど怒るかもしれんがね。

第一、それには毒がある。ところが、俺のお呪《まじな》いときた日には、
正真正銘きれいなもんだ。ただあの女の名前をかりて、
奴を祈り出そうってだけなんだからね。

ベンヴォーリオ　さあ、たしかこの樹立の中に隠れたはずだ、
わざわざ露深い夜の闇を求めてね。
恋は盲《めくら》というだけに、闇こそよけれという洒落だろう。

マキューシオ　恋がもし盲目なら、恋の矢はいつもはずれるはず。
奴め、いずれ今頃はビワの木の下にでも坐りくさって、ロザライン姫が、
ほら、よく娘どもが、*あの実《み》の名前を口にしては独り笑いをする、
ちょうどその名前のような女であってくれればいい、と思ってるのだろう。
可哀そうに、ロミオ、そうだ、貴様の女が尻の開いたなんとかで、
貴様の方は長梨でと、そういきゃ、いうことはないんだがなァ。
ロミオ、じゃ、お休み、俺は安ベッドでも家へ帰るよ。
この野天ベッドじゃ、寒くてとても寝られない。
おい、行かないか？

ベンヴォーリオ　じゃ、行こう。見つかるまいと
願っている人間を、いくら探してみたところで無駄だ。〔両人退場〕

第二場――キャピュレット家の庭園。*

ロミオ現われる。

ロミオ　傷の痛みを知らぬ奴だけが、他人《ひと》の傷痕を見て嘲笑う。

ジュリエット、二階舞台の窓に現われる。

シッ！　なんだろう、あの向うの窓から射して来る光は？
あれは東、すればさしずめジュリエット姫は太陽だ。
美しい太陽、さあ昇れ、そして嫉妬深い月を殺してくれ。
月に仕える処女《おとめ》のあなたが、主人よりもはるか美しいそのために、
あの月はもう悲しみに病み、色蒼ざめているのです。
もう月の処女になるのはよして下さい。月は嫉妬深い女神なのだ。
月の処女のお仕着は、病に蒼ざめた緑の色に決まっている。
*そんなものを着るのは、道化の阿呆どもの外にはない。
脱いでしまって下さい。おお、あれこそはわが姫、わが思い人だ！
いや、まだそうと僕の心が通じてくれればいいと思うばかりなのだが！

何か言っている、いや、何も言ってやしない。だが、それがどうしたというのだ！
あの眼が物を言っているのだ。よし、答えてみよう。
いや、だが厚顔《あつかま》しすぎるかな？　僕に話しかけているのではない。
大空中の、ことにも美しい二つの星が、何か用事にでも呼ばれて往って、
帰るまで、代りに彼女等の星座に瞬いていてもらいたいと、
姫のあの二つの瞳に頼んでいるのだ。もしあの瞳が、
大空に輝いて、代りに星どもがあの顔に輝くとしたらどうだろう？
ちょうど日の光の前のランプのように、あの姫の頬の美しさは、
それらの星どもをさえ恥じ入らせるに相違ない。天に挙げられたあの瞳は、
大空一杯に光をみなぎらせ、ために小鳥たちも歌声をあげ、
夜を昼と見紛うかもしれぬ。おお、あの片手に頬を倚せかけた姿！
かなう願いなら、いっそあの手を包む手袋になってみたい、
そしてあの頬に触れていたいのだ！

ジュリエット　ああ！

ロミオ　なにか言っている。
おお、光輝く天の使よ、もう一度口を利いて下さい。
私の頭上はるか、この夜の闇に輝くあなたの姿は、

いってみれば思わず振り仰いで、瞳を凝らす、
驚きに充ちた人間どもの眼《まなこ》に映る、あの翼美しい天使の姿、
あの動くともなく流れる雲に駕し、
はるか虚空を漂い浮かぶ天使の姿の、
あの神々しさにも似ている。

ジュリエット　ああ、ロミオ様、ロミオ様！　なぜロミオ様でいらっしゃいますの、あなたは？
あなたのお父様をお父様でないといい、あなたの家名をお捨てになって！
それとも、それがおいやなら、せめては私を愛すると、誓言していただきたいの。
さすれば、私も今を限りキャピュレットの名を捨ててみせますわ。

ロミオ　〔傍白〕黙って、もっと聞いていようか、それとも声をかけたものか？

ジュリエット　仇敵《かたき》はあなたのそのお名前だけ。たとえ、
モンタギュー家の人でいらっしゃらなくとも、あなたにはお変りはないはずだわ。
モンタギュー——なんですの、それが？　手でもなければ、足でもない、
腕でもなければ、顔でもない、人間《ひと》の身体についた、どんな部分でも、
それはない。後生だから、なんとか他の名前になっていただきたいの。
でも、名前が一体なんだろう？　私たちがバラと呼んでいるあの花の、
名前がなんと変ろうとも、薫りに違いはないはずよ。

ロミオ様だって同《おんな》じこと、名前はロミオ様でなくなっても、
あの恋しい神のお姿は、名前とは別に、ちゃんと
残るに決まっているのですもの。ロミオ様、そのお名前をお捨てになって、
そして、あなたの血肉でもなんでもない、そのお名前の代りに、
この私のすべてをお取りになっていただきたいの。

ロミオ　お言葉通り頂戴しましょう。
ただ一言、僕を恋人と呼んで下さい。すれば新しく洗礼を受けたも同様、
今日からはもう、たえてロミオではなくなります。

ジュリエット　まあ、だれ、あなたは？　そんな夜の闇に隠れて、
人の秘密を立ち聞くなんて？

ロミオ　さあ、どうも名前といわれては、
なんと名乗っていいものか、困るのですが、
ああ、尊いあなた、僕の名前が腹立たしい、
それというのが、あなたに仇敵《かたき》の名前だからです。
紙にでも書いてあるのなら、そのまま破ってしまいたいくらい。

ジュリエット　そのお言葉のひびき、私の耳は、まだそのお言葉を、
百とは味わってはいませんが、声にはっきり聞き覚えがある。

ロミオ様、あのモンタギュー家の、じゃございません?
ロミオ　いいえ、あなたがお嫌いなら、そのどちらでもありません。
ジュリエット　それにしても、どうしてここへ、そして何のためにいらしたの?
塀は高くて、登るのは大変だし、
それにあなたという人の身分柄を考えれば、
もし家の者にでも見つかれば、死も同然のこの場所へ。
ロミオ　こんな塀くらい、軽い恋の翼で飛び越えました。
石垣などで、どうして恋を閉め出すことができましょう。
力の及ばぬことなら知らず、出来ることなら、どんなことでも恋はする。
だから、あなたの身内くらいが、なんの邪魔になりましょう。
ジュリエット　でも、見つかると殺されますわよ。
ロミオ　どうして、奴等の剣の十や二十よりも、
あなたの眼の方がよっぽど怖い。やさしいあなたの眼差し、
それさえあれば、なんの奴等の憎しみなど、僕は不死身だ。
ジュリエット　どうあっても私はいや、見つからぬようにして頂戴。
ロミオ　夜の衣《ころも》に隠れているからは、断じて奴等の眼につくはずはない。
だが、もしも愛していただけないなら、いっそこのまま見つかりたい。

あなたの愛もなくて、おめおめ生命だけ長らえるよりは、
むしろ奴等の憎しみで、殺された方がよいのです。

ジュリエット　だれの手引きでおわかりになって、ここが？

ロミオ　恋の手引きです。そもそも尋ねる*心を促したのも恋なら、
智慧を貸してくれたのも恋、僕はただ恋に眼を貸しただけなのです。
僕は水先案内じゃない、けれどあなたという財宝のためならば、
たとえ万里の海路、八重の潮路をへだてた、
荒蕪の異境であろうとも、僕はきっと冒険をしてみせます。

ジュリエット　この通り、私の顔は夜という仮面が隠していてくれる、
でもなければ、私の頰は娘心の恥かしさに真赤に染まっているはずですわ。
だって、今夜はあんなことを立ち聞かれてしまったのですもの。
そりゃ出来ることなら、私だって世の常の娘らしく、
体裁なんて私もいや！　愛して下さる、本当に？　ええ、と言って下さるわねえ。
さっきの言葉はみんな嘘だって、言いたい心は山々ですのよ。だけど、
お言葉通り信じますわ。といって、いくら誓っていただいても、
お破りにならぬとは限らない。恋人の二枚舌だけには、
*ジョウヴの神様もお笑いになるより仕方がないというのですもの、

やさしい私のロミオ様、もしも愛して下さるなら、ねえ、正直に仰《おつしや》って。
それとも、それじゃあんまり呆気なさすぎるとお考えならば、
私、怖い顔して拗ねて見せ、いや、と言ってもいいことよ。もっとも、
そういえばきっと言い寄って下さることが条件よ、でなけりゃ、いや、絶対に。
ロミオ様、本当に私は愚かな甘い女、だから、さぞかし
蓮葉な浮気女とお思いになっていらっしゃることね、きっと。
でも、本当、私きっとなってみせますわ、あの手練手管で、
殊更よそよそしくみせる女などよりは、もっともっと真実のある女に。
本当の話、私だって、恋しい心の思いの丈けを、
すっかり知らぬ間に立ち聞かれていなければ、
もっとつれなくしてみせたと思うわ。だから、お責めになってはいや、
こんなに心をお許ししたことも、悪戯心とはおとりにならないで、
だって、暗い夜の悪戯が、つい明るみに出したことなのですもの。
ロミオ　ジュリエット様、僕は誓言します、見渡すかぎり、
樹々の梢を白銀色に染めているあの美しい月の光にかけて。
ジュリエット　ああ、いけませんわ、月にかけて誓ったりなんぞ。一月ごとに、
円い形を変えてゆく、あの不実な月、

あんな風に、あなたの愛まで変っては大事《おおごと》だわ。
ロミオ　では、何にかけて誓えばいいのです？
ジュリエット　誓言など一切なさらないで。
でも、どうあっても仰るのなら、ロミオ様御自身にかけて、
誓っていただきたいの。あなたこそは私の神様、
あなたのお言葉なら信じるわ。
ロミオ　もしも僕の心のこの思いが――
ジュリエット　ああ、やっぱりおよしになって。お顔を見たのは嬉しいが、
今夜のこの誓約には、ちっとも心が弾みませんの。
無鉄砲で、軽率で、あんまり突然すぎますわ。なにかまるで稲妻みたい、
あっ、光ったというまもなく消えてしまう。さあ、お別れにしましょうよ。
この恋の蕾、きっとこの次お目にかかれるその時には、
夏の風に育くまれて、美しい花を咲かせましょう。
お休みなさい、さようなら！　私のこの胸にある快い平安、
同じ平安が、今宵ロミオ様のお心にもありますように！
ロミオ　ああ、この満たされない心のままで、あなたは別れようと仰るのですか？
ジュリエット　だって、今夜どんな満足がえられると仰るの？

ロミオ　あなたの愛の真実の誓いなんです、私の誓いと引きかえに。
ジュリエット　私の誓いは、言われない前に差し上げてしまったじゃありません？
もっとも出来ることなら、もう一度差し上げ直したいくらいなんですけれど。
ロミオ　じゃ、取り戻したいと仰るのですか？　それはまた何のために？
ジュリエット　ただ、もっともっと気前よく、もう一度差し上げてみたいためなの。
でも、考えてみれば、それじゃ自分にあるものをまだ欲しがるようなものね。
私、気前は大海に負けないほど限りないつもり、そして私の愛も
大海とともに深いはず。だから、あなたに差し上げれば差し上げるほど、
それだけ私の愛も増す道理だわ、だって、どちらも限りないんでしょう。〔舞台奥で乳母の呼ぶ声〕
奥で呼んでるようだわ。では、ロミオ様、さようなら！
すぐ行くわよ、乳母《ばあや》！　恋しいモンタギュー様、変らないでね。
ほんのちょっと、お待ちになってね、すぐ帰って来るわ。〔二階舞台から退場〕
ロミオ　おお、幸いの夜、恵みの夜！　夜と知るだけに、
まさかにみんな夢ではあるまいな。
心もそぞろ、あまりにも幸福で、本当とは思えない。

ジュリエット、再び二階舞台へ現われる。

ジュリエット　ロミオ様、一言だけ、そして今度こそは本当にさようなら！
もしあなたの愛が真実《まこと》の愛であり、
そしてまこと結婚のおつもりなら、明日使いをやりますから、
何時、どこでお式をなさるおつもりか、
その者にお伝言《ことづけ》下さらない。すれば、
私は私のもの一切を、あなたの脚下に投げ出して、
世界中どこへなりともお伴いたしますわ。
乳　母　〔舞台奥で〕お嬢様！
ジュリエット　行くわよ、すぐに。でも、かりにも偽りのお心なら、
ねえ、後生ですわ、──
乳　母　〔舞台奥で〕お嬢様！
ジュリエット　今行くったらよ、──
もうこの話は一切おやめになって。私は悲しみに独り泣くだけのこと。
とにかく明日使いをやりますから。
ロミオ　それはもう神かけて──
ジュリエット　では、百倍にも、千倍にも御機嫌よく！〔退場〕
ロミオ　こっちは百倍にも千倍にも不機嫌さまだ、あなたという光に消えられて。

相逢う恋人の喜びが、退校《ひけ》時のあの学童どもの心なら、
別れる時の悲しさは、登校時のひどく浮かないあの顔か。〔物蔭へ隠れる〕

ジュリエット、三度二階舞台へ現われる。

ジュリエット　もし！　ロミオ様、もし！　あああ、あの鷹を呼び戻すという
鷹匠の声が私にも欲しい。囚われの身は、声まで嗄《しわが》れて、
大きな声も出すができぬ。でなければ、私、
あの木霊《こだま》の寝ている洞窟をつん裂いて、
あの空ゆく声音《こわね》が私以上に嗄れるまで、
恋しいロミオ様の名前を繰り返させてやろうのに。
ロミオ　俺の名を呼んでいるのは、俺の魂、あの人だ。
夜の闇に聞く恋人の声音の、なんと白銀の鈴にも似た美しさだろう。
心澄ますほどの耳に、それはまるで静かな楽の音の調べだ！
ジュリエット　ロミオ様！
ロミオ　用ですか？
ジュリエット　明日、何時に、
使いを上げればよろしいの？

ロミオ　九時にして下さい。

ジュリエット　じゃ、きっと間違いなく。でも、それまでがまるで二十年の思い。忘れたわ、なんのためにお呼びとめしたのかしら。

ロミオ　ここに立っています、僕は、あなたが思い出して下さるまで。

ジュリエット　じゃ、思い出さないわ、すれば、いつまでもいて下さるんですもの、どんなにあなたと一緒にいたいか、ただそのことだけを考えながら。

ロミオ　それじゃ、私もいつまでも立っている、あなたが決して思い出さぬように。そして私はここ以外、ほかの家のことは一切忘れてしまう。

ジュリエット　ああ、もう朝だわ。やっぱり帰って下さらない？　とはいうものの、このまま遠くへ放したくはない。あの悪戯娘《いたずらっこ》に飼われている小鳥と同じよ、可哀そうに、まるで鎖につながれた囚人みたいに、ちょっとは手から放してもらえるけれど、すぐまた絹の細紐で引き戻される。相手が自由になればなるで、愛ゆえの不安に身を焼くのだわ。

ロミオ　私はむしろその小鳥になりたい。

ジュリエット　まあ、私もそうよ。

でも、私、可愛がりすぎて殺してしまうかもしれない。
お休みなさい、さようなら！　別れといっても、考えてみれば悲しいような、
嬉しいような。だからいっそ夜明けまで、私、こうして言いつづけているわ。

〔二階舞台から退場〕

ロミオ　あなたの眼には眠り、胸には平和の宿りますように！
ああ、その静かな眠りとも、平和ともなって、あなたの上に憩いたいのだが！
それじゃ、これから神父様の庵室へ行って、
助けを願ったり、今日の幸運《しあわせ》を報告するとしよう。〔退場〕

第三場＊——僧ロレンスの庵室。

僧ロレンス、籠を手にして登場。

僧ロレンス　薄墨色の眼をした朝が、夜のしかみ面に微笑みかけ、
東の空は、光の縞が雲を綾に染めなしている。
斑の闇は、まるで酔いどれのようによろめきながら、
日の道、タイタン神の焔の車先から逃れてゆく。
さて、太陽があの燃える瞳をあげて、昼を勢いづけ、

しとど置く夜の露を乾しおわらぬうちに、
毒ある草々、貴い薬液をもった花々を、
この柳の籠一ぱいに摘まなければならない。
自然の母なる大地は、同時にその奥城《おくつき》どころともなれば
自然を埋めるその奥城どころが、そのまままた母の胎ともなる。
してまたその胎からこそ、とりどりの子供が生まれ出で、
またしても母なる自然の胸から乳を吸うのだ。
数々の効験《しるし》のあらたかなものが少なくないばかりか、
なにらか効験のないものは一つとしてない、しかもそれが、
それぞれに異なっている。草、樹、石、それらの本質に具わる
奇しき効験というものには、まこと驚くべきものがある。
この世に生きとし生けるもの、それはいかに有害なものであっても、
なにらか特別の効験を、この世に与えないものはない、
と同時に逆に、いかに益あるものとても、一度正しい用法を誤らんか、
その本来の性に反して、思わぬ濫用の害をなさぬとも限らぬ。
用法その当をえざれば、徳そのものが悪となり、
活用次第では、悪も時に立派に役に立つ。

ロミオ登場、立ち聞いている。

この小さい花の幼い蕾の中に、
毒も潜めば、薬効も隠れているのだ。
なぜというに、嗅いでみるがよい、嗅覚のみかは、全感覚を爽やかにする。
だが、口に入れては、なべての感覚はもとよりのこと、
心臓もろともに殺してしまう。草ばかりではない、人間の中にも、
常に二人の王、慈悲心と荒ぶる心とが相対峙して争っている。
そして悪心が盛んになれば、たちまちにして
死という害虫が、その植物を食いつくしてしまうのだ。

ロミオ 〔進み出て〕 お早うございます、神父様。

僧ロレンス 祝福、汝の上にあれ！
だれだな、朝早くこんなにやさしい訪れは？
若い者が、こんなに朝早く寝床を離れるとは、
さては何か思い乱れている証拠だな。
とかく老人の眼というものは、夜通し煩いが宿直《とのい》をし、
煩いのあるところ、決して眠りは宿るものでない。

それに引きかえ、頭になんにもなく、心に傷負わぬ若者は、
手足を伸ばすや否や、もう黄金の眠りが領している。
してみれば、そなたのこの早起きは、てもなく
何か身心に煩いがあって眠られぬ証拠だ。
それとも、そうでなければ、さてはロミオ、
昨夜は床に就かずじまいだったな。当たったであろう。
ロミオ　その通りですが、お蔭でもっと楽しい憩いを持ちました。
僧ロレンス　仕様のない奴だ！　さてはロザラインと一緒だったな？
ロミオ　ロザラインとですって、神父様？　とんでもない。
ロザラインの名前も、その名前からくる悲しみも、忘れてしまいました。
僧ロレンス　それはよかった。だが、それでは何処へ行っていたのだ？
ロミオ　重ねてお訊ねは御無用です、お話申し上げます。
実は仇敵《かたき》の家の宴会に列《つらな》っていたのですが、
ところがそこで、突然私に深傷《ふかで》を負わせたものがあるのです。
その代り相手も私から深傷を負いました。しかも二人とも、
神父様の助け、神父様の療治次第で、傷は癒えるのです。
遺恨があってではありません、と申しますのは、

私のこのお願い、私だけでなく、相手も一緒に助かるのですから。
僧ロレンス　もっとはっきり言いなさい。話は率直にするものだ。
謎のようなザンゲでは、赦しも自然、謎のようにしか参らぬ。
ロミオ　では、はっきりと申しますが、あのキャピュレット家の
美しい姫に、私は恋の真心を捧げてしまったのです。
私の心が思いつめているように、あちらでも私を思ってくれています。
もう一切は結ばれて、残るはただ神父様のお力で、
神様の前にしっかり結ばれること、それだけなのです。いつ、どこで、
どんな風にめぐり合い、どんな風に愛を囁き、誓を交したかは、
いずれ途々申しますが、どうか今日にも、
私たち二人を結婚させて下さい、それだけがお願いなのです。
僧ロレンス　いや、驚いた話、なんというこれは気の変り方なのだ！
あれほどまでも思い焦がれていたロザラインが、そんなにも呆気なく、
思い切れたというのか！　してみると、若い者の恋というものは、
まこと心にはなくて、眼一つにあるのだな。
やれやれ、ロザライン、ロザラインというて、そなたは、
どれだけその蒼ざめた頬を涙に濡らしたことか。

あの夥しい塩水も、みんな無駄な浪費であったのか、今となっては
後味一つ残らぬ恋心に、無理に味をつけようという、ただそのためだけのな。
そなたの溜息を、まだ太陽も空から吹き払ってはいないはず、
聞き馴れた嘆きの声は、まだこの老の耳に鳴っているくらいだ。
ほう、そなたの頬には、まだ古い涙の痕が、
まだ洗われないままでしみついている。そなたの人間に変りなく、
しかもあの悲しみも、まことそなたの悲しみだったとすれば、
そなたも、そなたの悲しみも、みんなロザラインのためだったはず。
そなたという人間が変ったのか？　この諺《ことわざ》を言うてみるがよい、
男心の頼めぬものを、まして女子と秋の空、というあれをだ。

ロミオ　でも、ロザラインを恋するといって、神父様は度々私をお叱りになりました。

僧ロレンス　恋を悪いといったのではない、呆《ほう》けるのを叱ったのだ。

ロミオ　それに恋など葬ってしまえともおっしゃった。

僧ロレンス　墓ではあるまいし、
一つを埋めて、別のを掘り出せなどとは言わなかった。

ロミオ　どうかお叱りにならないで下さい。今度恋をしている女は、
情には情を、愛には愛を、ちゃんと報うてくれる女なのです。

ロザラインはそうじゃありませんでした。

僧ロレンス　ああ、それなら先方でもよく知っていたはず、
そなたの恋というのが棒暗記同然の暗誦で、正確な綴り一つ
出来ない恋だということをな。だが、まあ一緒に来るがよい、
ここな浮気者めが。だが、わしにも一つ考える仔細がある、
よろしい、助けて進ぜよう。というのはだ、この縁組、もしかすると、
両家の怨恨を、心からの親しみにかえる幸運《しあわせ》にならぬとも限らぬからな。

ロミオ　さあ、では参りましょう。ぜひ急いでいただきたいのです。

僧ロレンス　分別をしてな、そしてゆっくりと。とかく駆け出す奴が躓くのだ。〔両人退場〕

第四場――街上。*

ベンヴォーリオ、マキューシオ登場。

マキューシオ　ロミオの奴、一体どこへ行きやがった？
昨夜は家に帰らなかったのか？

ベンヴォーリオ　親父の家へは帰っていない、召使に会って訊いたのだが。

マキューシオ　ああ、あの生白い情なし女《なまっちろ》、ロザラインの奴めが、

こんなにまで彼を苦しめているのだ。今にきっと気狂いになるぞ。
ベンヴォーリオ　キャピュレットの身内のティボルトの奴めが、ロミオの親父のところへ手紙をよこした。
マキューシオ　挑戦状だな、きっと。
ベンヴォーリオ　ロミオのことだ、応じるぜ。
マキューシオ　文字の書けるほどの人間なら、手紙に応じるのは当然だ。
ベンヴォーリオ　そうじゃない、手紙の主に応じて出る。仕掛けられて引く男じゃない、と言ってるのだ。
マキューシオ　やれやれ、ふびんやロミオ、奴はもう死骸だぜ。あの生白い小娘の黒眼に刺し貫かれ、耳は恋唄で射抜かれる、心臓の真唯中は、ほら、例の恋の盲小僧、あいつの稽古矢で芋刺しだ。これがね、ティボルトと太刀打ちできる男かい？
ベンヴォーリオ　ところで、どんな男だい、ティボルトって奴は？
マキューシオ　そうだ、*猫の王様よりは上物《じょうもの》だ。天晴れ、格式作法を守るところはね。奴の仕合か？まずは譜本片手に歌の稽古だと思やいい。拍子だ、間合《まあい》だ、リズムだとくら。ホイ、休止、一、二の三で、お突きが一本とね。*絹ボタン斬りじゃァ鬼殺しだ。強えの、強えの、無双の剣士、家柄なら*当世時めく成金の随一、決闘一つにも、*一条二条と個条書がつかァ。手練の神業、真向突きに、燕返し！　どうだ、一本！

ベンヴォーリオ　なにがだ？

マキューシオ　糞ッ食らえだ、あの変チクリンの、舌ッ足らずの、気障ッたらしい酢豆腐野郎どもさ！　あの新しがり屋の口の利き方ァどうだ！　ね、『いよう、エス様かけて、天晴れ見事なお手の内！　いよう、見上げた男振り！　てもすばらしいパンパン嬢、』とくら！　おい、お爺っあん、なんと情けねえ世の中じゃねえか、俺たち、こんなキテレツな蚊とんぼ野郎どもに悩まされなきゃならねえとはね！　なァに、高が流行《はやり》廃《すた》りの大道商人、二言目にゃ『*アチャラでは』とくら！　とにかく新型でなきゃ、顔が立たねえ、古いもんじゃ、胸が納まらねえって野郎どもだ！　*ああ、アチャラ、アチャラか！

ロミオ登場。

ベンヴォーリオ　おい、ロミオが来たぜ、ロミオが。

マキューシオ　こいつか正銘の腑抜けって奴よ、鰊《にしん》の干物よろしくのな。ああ、人よ、人よ、なぜまた魚《さかな》とはなりつるか、か！　こりゃもう奴め、*ペトラルカ気取りの恋歌つくりに気分満点というところか！　俺のあの子に比べりゃ、ラウラも哀れなお三どん同然とくら。もっとも歌に詠《よ》んでもらう分にゃね、ラウラの方がちっとばかり上等の情人《いろ》を持ってたってわけだろうがね。まだある、*ダイドーなんぞはおひきずり、*クレオパトラはジプシーだし、*ヘレンにヒーロー、こいつもいずれはしがない売女《じごく》。碧い眼だとか、なんとか言うが、*シスビ、こいつも話にゃならぬ、とくら。おい、ロミオの旦那、ボン・ジュール（お早う）！　貴様のズボン*がフランス型、だぶだぶズボンと来た日にゃ、こっちの挨拶もフランスで行こう。ところで貴様、昨夜は巧々と一杯食わせやがったな。
ロミオ　これは両君、お早う。だが、俺が食わせたとは一体なにを？
マキューシオ　置いてきぼり、置いてきぼりだよ。わからないのか？
ロミオ　いや、これは失敬、マキューシオ。なにしろちょっと大事な用件があってね。まあ、ああした場合は多少の欠礼は勘弁してもらおうよ。
マキューシオ　すると、つまりなんだね、そうした場合は、七*重の膝を八重に折らなきゃならないというのか？
ロミオ　それは、君、敬礼、お辞儀だよ。
マキューシオ　なるほど、まさにその通り。
ロミオ　やれやれ、頭の下がる解釈だ。
マキューシオ　そうさ、俺の礼儀のよいとこ、一つ見せたいね。
ロミオ　見せたいものは花よりも、だ。
マキューシオ　やるぜ！
ロミオ　俺のこの靴、この花模様だ。
マキューシオ　巧いぞ、こいつ！　そいじゃ、その洒落を一つ付けてってもらいたいね、貴様のそ

の靴の底革、履き切っちまうまでさ。いいか、皮は曝《さらさ》れても、洒落残るで、シャレコウベた
アどうだ。
ロミオ　臭い、臭い、洒落臭い！
マキューシオ　おい、ベンヴォーリオ、助け舟だ。土俵を割りそうだァ。
ロミオ　いよう、残った、ハッケヨイ、ハッケヨイ、しっかり、でなきゃ軍配を揚げるぞ！
マキューシオ　ようし、もう減らず口じゃ、カブトを脱いだ。この上鴨《かも》になるのは真平だ。だいた
いチンチン鴨々なんてのは貴様の領分だからな、俺はそもそも鴨の性じゃねえ。
ロミオ　それじゃ、外ならカブトを脱がねえっていうのか？　葱《ねぎ》背負った鴨とはお前のこったぞ。
マキューシオ　止せやい、冗談吐かすと噛みつくぞ、その耳へ？
ロミオ　おっと、鴨殿、噛むのだけは止してくれ！
マキューシオ　だが、貴様の毒舌も利きすぎるぜ。カラシの性かい、カラシ味噌にゃもってこいの？
ロミオ　そうだ、葱背負った鴨にはうってつけだろう。
マキューシオ　こん畜生、メリヤス口じゃあるまいし、伸縮自在とは驚いた。
ロミオ　じゃ、一つ伸びる方で行くとしようか。振られ男とかけて、秋の夜の鴨とはどうだ。心
は、長々し夜をひとり鴨寝んさ。
マキューシオ　だがな、だれだか知らねえが、くよくよ思いつめてるよりはましだろう。とにかく、
貴様、今日はひどく上機嫌だ。それでこそロミオ本来の面目、どっから見ても、正真正銘ロ

ミオ様っていうもんだ。メソメソするだきゃよしてくれ。第一、阿呆面見ちゃいられねえ、まるで如意棒*おったて穴探しってていたらくだ。

ロミオ　おっと、もうよした、よした！

マキューシオ　じゃ、おい、ここまで気いかせておいて、それで止めろっていうのかい？

ロミオ　でなきゃ、貴様のこった、ますます鼻息が荒くなるばかりだろう。

マキューシオ　ところが、そいつは飛んだ当て違い。こっちこそ早く切り上げたかったくらいだ。出すものはみんな出しちまった。これ以上やるのはもう真平だ。

ロミオ　そいつはこっちも有難い！

乳母とピーター登場。

マキューシオ　船だ、船だ！

ベンヴォーリオ　船は二艘。猿又*に腰巻だ。

乳母　ピーター！

ピーター　へーい！

乳母　扇*をおくれ。

マキューシオ　ピーター、お顔をお隠しになるんだとよ。なにしろ扇の方がよっぽどいい面してるからな。

乳　母　これはこれは、皆様、お早うございます。

マキューシオ　これはこれは、奥方、お晩うございますな。

乳　母　おや、お晩うございますとは？

マキューシオ　さよう、いかにもその通り、御覧なされい、淫乱女の日時計めが、*正午のあそこをしつかと押えてござる。

乳　母　まあ、いやらしい！　なんて方でしょうねえ、この人は！

ロミオ　なに、御女中、この男はね、どうせわれからと打壊《ぶちこわ》しにできている人間なんですよ。

乳　母　あらまあお上手。『われからと打壊しに』、とはまた巧く仰しゃいましたわねえ。ところで、皆様、ちょっと物をお伺いしたいのですが、ロミオ様はどこにいらっしゃいますのでしようねえ？

ロミオ　それなら僕が知っている。もっともロミオの奴はね、巧くお前さんが尋ね当てた時にゃ、折角だが、今よりずっと年を老ってしまっていようぜ。ロミオって名前で、一番若いのがこの僕さ。つまりこれ以上拙いのがいないってわけでね。

乳　母　巧いこと仰るわねえ。

マキューシオ　ほう、すると拙いほど巧いと仰るんだね？　頭がいいぞ、全く。いやはや賢女、賢女！

乳　母　それじゃ、あなたがロミオ様でいらっしゃいますなら、実はちょっと食い入って*お話し申し上げたいことがございますのですが。

ベンヴォーリオ　じゃ、序でに晩食に*ほうたい申し上げたいって口か。

マキューシオ　*ヤリテだ、ヤリテだ、ほーら、出たぞ！

ロミオ　何が出たって騒ぎなんだ？

マキューシオ　*狐じゃない、たしかに。もっとも娘ひでりに婆狐、食わねえ先きから、プーンと来るってなァ別だがね。

〔歌う〕尾のない狐にカビが出た
ホラ、尾のない狐にカビが出た。

娘ひでりじゃ、我慢もなろが、
いくらなんでもカビ狐、
所詮これじゃァ食い切れぬ。

食わぬ先からカビが出る。

おい、ロミオ、親父の家へ帰るかい？　そいじゃ一緒に御馳走になるぜ。

ロミオ　僕は後から行く。

マキューシオ　じゃ、あばよ、婆さん。あばよ。

〔歌いながら〕『*いとはん、嬢さん、お姫《ひい》さん。』〔マキューシオとベンヴォーリオ退場〕

乳母　はい、はい、さようなら！　ねえ、もし若旦那、なんてまあイケ図々しい野郎でござんしょうねえ、いい気な油煙ばかり吐き散らしやがって。*

ロミオ　なに、あの男はね、自分のしゃべるのに聞き惚れたいって奴なんで。なにしろ一月かかっても、しきれないようなことを、一分間でしゃべりまくろうというんですからね。

乳母　これで、私の悪口でもついてみるがいいや、ぶちのめしてくれるから。なに、もっと強い奴だって平気でござんすよ、あんな野郎の二十人や三十人、ヘッチャラってもんで。私にできなきゃ、できる奴をめっけて来ますともさ。ほんとにイケ好かない野郎ったら！　あんな野郎に、指一本させてたまるもんかってんですよ。お相手なんぞ、私や真平でござんすよ。〔ピーターに〕それに、お前もお前さ、なんだってぼんやり立って見てるんだね、寄って集まって、さんざ私を玩具にしてるじゃないか。

ピーター　だれもあんたを、玩具になんぞしてやしませんやね。そんなことがありゃ、大丈夫、腰の業物抜く手は見せねえってもんですからね。抜く方にかけちゃ、劣《ひ》けは取らねえつもり、もっともそいつは立派に喧嘩の理由《わけ》があって、こっちに正当な言い分があるって時に限りますがね。

乳母　あああ、私やもう腹が立って、腹が立って、総身がぶるぶるふるえてくる。イケ好かない野郎ったらありゃしない！〔ロミオに〕ところで、ちょいと、若旦那様、さっきも申し上げました通りにな、ぜひともあなた様を探して来いと、お嬢様のきつい御命令《いいつけ》でございます。なんと仰いましたか、それはまあ乳母の胸一つに致しておきましてな、それより先に、よろしゅうございすかい、もしも若旦那が、あのお嬢様をね、ほれ、なんとか申しましたっけ、あの阿呆の天国とやらにたらしこもうとでもなすって御覧じろ、ええと、なんとか申しましたっけ、そうそう、それこそ飛んでもない不埒不届ってもんでござんすよ。なにしろお嬢様はまだオボコ、じゃによって、もしもそれを欺《だま》らかそうなんてなさろうもんなら、なんとしても女子への非道、それに第一卑怯というもんでござんすぞえ。

ロミオ　乳母、ジュリエット姫によろしく伝えておくれ。あんたの前に僕は誓う――

乳母　よろしゅうございますとも、ちゃんとその通りお伝え致しますよ。まあ、どんなにお喜びでいらっしゃいましょうかいな。

ロミオ　ちょっと、一体何を伝えようというのだ？　まだ何にも言ってやしないじゃないか。

乳母　あれまあ、若旦那様がお誓いなさると仰しゃった、それでござんすよ。流石に歴とした殿方らしいお言葉だと存じましてね。

ロミオ　いや、言伝《ことづけ》はこうだ。なんとか今日午後、懺悔に出かける都合をつくること、すれば、ロレンス上人の庵室で懺悔をすませ、すぐにそのまま結婚ということにする。駄賃はこれだ。

乳母　とんでもない、そんなお金なんぞ。

ロミオ　いいから、さあ、取っておけ。

乳母　今日午後でございますね？　ええ、きっとそのように致しましょう。

ロミオ　それから、乳母、お前はあの修道院の塀の蔭で待っていておくれ、一時間もすれば、僕の下男が縄梯子のように編んだ綱を持って行くはずだ。夜の闇にまぎれて、この僕を幸福のマストの絶頂まで運んでくれる、いわば頼みの綱ともいうものだ。さようなら。しっかりやっておくれ、きっとお礼はする。さようなら。ジュリエット姫によろしく。

乳母　それではどうぞ御機嫌よう。あッ、それからもし。

ロミオ　なんだね、乳母？

乳母　その御家来とやらは、大丈夫でございましょうねえ？　下世話にも申しましょうがな、二人は洩れぬ、三人は怖いって。

ロミオ　大丈夫、堅さじゃ鋼鉄にも負けぬという男だ。

乳母　安心致しました。なにしろほんとに可愛いお嬢様でいらっしゃいましてな。——そうそう、それはお可愛いことを仰いましたっけ——おお、そういえばこの町に、パリス様とやら仰る華族の若様がいらっしゃいましてな、きつうお嬢様に御執心のようでございますがね、なんとお嬢様の仰ることがいいじゃございませんか。あんな男の顔を見るよりは、まだあのヒキガエル、ヒキガエルの方がましだと、そう仰るんでございますよ。パリス様なら、いい男振りじゃございませんかとね、私、時々お嬢様のお気に逆らって申し上げるんでございますけれど、ところが、どうでございましょう、お嬢様ったら、その度にまるで顔中、土気《つちけ》色におなりになるんでございますよ。そういえば、ローズメリとロミオ様と、どちらもこれは同じ文字ではじまるのじゃございますまいか？

ロミオ　その通り、だが、それがどうしたというのだ？　どちらもR《アール》で、はじまる。

乳母　あれ、御冗談はおよし遊ばせ、それじゃまるで*犬の唸るみたい。Rなんて文字は、あなた——いいえ、もっと別の字ではじまるのに違いございませんわ。そういえば、なんでも*あなた様とローズメリとがどうとかって、お嬢様はそりゃ素敵な、*結句を仰っていらっしゃいましたっけ。是非聞かせておもらいになるとようございますわよ。

ロミオ　ジュリエット姫によろしく。

乳母　ええ、ええ、畏りましたとも。〔ロミオ退場〕

これこれ、ピーター。

ピーター　ヘーい！

乳母　さあ、*この扇を持って、先へお出で、さっさと急いで。〔両人退場〕

第五場——キャピュレット家の庭園。*

ジュリエット登場。

ジュリエット　時計が九時を打った時だったわ、乳母《ばあや》を使に出したのは。
半時間もすれば帰ってくると、あんなに堅く言ったくせに。
もしかすると、お逢いできなかったのかもしれぬ。いいえ、そんなはずはない。
乳母の脚が悪いのよ。やっぱり愛の使は、人の思いでなければ駄目、
人の思いは、それは速い。険しい顔した山々を、影を追散らしては
走り過ぎる、日の光よりも十倍も速いということだわ。
だからこそ恋の女神の御車は、あの翼も軽い鳩がひき、
疾風《はやて》と競うキューピッド様も、ちゃんと翼をお持ちなのね。
そういえば、もう日の神は、今日の旅路の頂上をきわめて
いられるのに、九時から十二時といえば、
たっぷり三時間、だのに乳母は帰って来ない。
もし乳母にも情けがあり、若い熱い血が流れていれば、
それこそテニスの球のように、駆けて行ってくれるはず、

私の言葉で、あの方のところへ飛んでゆき、
あの方の言葉で、また私のところへ返ってくる。
それが老人《としより》というものは、まるで死んだ人間みたいに、
大儀で、のろのろで、陰気臭くて、鉛のように血の気がない。
ああ、帰って来た。

乳母とピーター登場。

ねえ、乳母、どうだった？
お目にかかれて？　この人はさがらせるといいわ。
乳　母　ピーター、お前は門のところで待っておいで。〔ピーター退場〕
ジュリエット　さあ、乳母、――まあ、どうしてそんな浮かぬ顔するの？
たとえ悲しい報せにしても、せめて嬉しそうに話すものよ。
ましていい報せなら、そんな難かしい顔をして言うなんて、
折角のよい報せが、調べもなにも台無しだわ。
乳　母　すっかりくたびれてしまいましてね、ちょっとお待ち下さいませ。
やれやれ、骨身が痛やの。どんなに駆けずり廻りましたことか。
ジュリエット　骨身は私のを上げてもいいからさ、私の欲しいのは返事なのよ。

早く、お願いだから言って。ねえ、乳母、大好きな乳母、言ってったら。

乳母　やれやれ、気忙《ぜわ》しない。ちょっとくらいお待ちになれませんの？　御覧なさいませ、乳母はもうすっかり呼吸が切れまして。

ジュリエット　呼吸なんぞ、ちっとも切れてやしないじゃないの。そんなこと、グズグズ言い訳しているその方が、呼吸が切れたって、ちゃんと言えるだけの呼吸があるくらいなら。かんじん言い訳しているその話よりも、よっぽど長いんじゃないの。ねえ、いい返事？　悪い返事？　それだけでも言って頂戴。なんとかおっしゃいよ、詳しい話は後でもいいから。ね、安心させてね、いい返事なのか、悪い返事なのか。

乳母　まあ、お嬢様としたことが、*ほんとうに詰らない男をお選びになったものでございますよ。てんで殿方の選び方というものを御存じないんでございますもの。ロミオ様なんて、いや、もう飛んでもない男でございますよ。そりゃ、なるほどね、お顔はまたとないよい男振りでございましょうよ。だけど脛と来ては、これはまた比ぶものがございませんでねえ。それから、あのお手といい、あのお足《みあし》といい、お身体つきといい、これはもう論外でございますけれど、それでいて全く飛び切り、無類ってもんでございませんからねえ。さよう、行儀作法の花とは申し上げかねましょうがね、まるで小羊のようにお優しい方だことはもう間違いなし。さあ、お嬢様、お出でなさいませ、神様にお詣りでございますよ。そうそう、お嬢様、お昼《ひる》食はおすみになりまして？

ジュリエット　いいえ、まだよ。だけど、そんなことならみんなわかってるじゃないの。結婚のことをなんと仰ったの？　だけど、それなのよ、聞きたいのは。

乳母　やれやれ、乳母はひどい頭痛で、まあ、なんて情ない頭なんでございましょうねえ？　ガンガンと、まるで粉々に壊れてしまいそうな気が致しますよ。それに裏の方の、この背中までが——ああ、背中、背中が！　ほんにお嬢様って方はひどいお方、あちこち駆けずり廻らされて、本当に、乳母はもう死にそうでございますよ。

ジュリエット　それは本当にいけないわねえ、気分が悪いなんて。だけど、ねえ、乳母、私の好きな、大好きな乳母、なんて仰ったの？

乳母　そのロミオ様の仰いますことったら、流石は立派な殿方でいらっしゃいますよ、礼儀がおよろしくて、おやさしくて、よい男振りで、それにお身持ちも大丈夫お堅くていらっしゃるに違いございませんわ、——ところで、まあ、お母様は？

ジュリエット　お母様？　お家よ、お家に決まってるじゃないの。それよりかも、乳母の返事、ずいぶん変じゃない？　『そのロミオ様の仰いますことったら、流石は立派な殿方でいらっしゃいますよ、

乳母　ところでお母様は?』って、一体なに、それ?
あれまあ、お嬢様、
なんていう、これはお逆上《のぼせ》かた。本当に呆れてしまう。
これがまあ、乳母の骨折へのお薬でございますの?
これからはもうお使は、みんなお嬢様御自身でなさいませ。
ジュリエット　まあ、ずいぶんと大袈裟ね。ね、それよりもロミオ様は何と仰って?
乳母　お嬢様、今日は懺悔にお出でになってもよろしゅうございますの?
ジュリエット　いいのよ。
乳母　じゃ、これからすぐに、ロレンス上人様の庵室へお越しなさいませ。
背の君様がちゃんとお待ちでございますよ、お嬢様を奥様になさろうとて。
ほら、もう浮気者の血がお嬢様の頰っぺたに上ってまいりました、
なにかというと、すぐ真赤になる頰っぺたでございますことねえ。
さあ、急いでお詣りにお越しなさいませ。乳母はちょっと廻り道致しまして、
梯子を取って参りますからね。それというのも、今夜いずれ日が暮れると、
いとしいお嬢様のあの方が、きっと小鳥の巣へと登って見えるに決まってますからねえ。
ほんに乳母は貧乏役、でも、これもみんなお嬢様に喜んでいただきたいからこそ、
もっとも、もうすぐ夜になりましたら、今度はお嬢様が荷持ちの役。

さあ、乳母はお昼食に致しますから、お嬢様は早く庵室へお越しなさいませ。

ジュリエット　まあ、嬉しいけれど忙しい。じゃ、乳母、さようなら。〔両人退場〕

第六場——僧*ロレンスの庵室。

僧ロレンス、ロミオ登場。

僧ロレンス　願わくは神もこの聖なる式に微笑《ほほえみ》を送り給え、後の日に、悲しみもてわれらを責め給わざらんことを！

ロミオ　アーメン、アーメン！　だが、たとえどのような悲しみであれ、来るなら来てみろ、姫と相見て知る今の喜び、この一瞬間に代りうる悲しみが世にあろうか？　どうか神の御言葉によって、私たち二人の手を結び合わせて下さい。さすれば恋を取り食うあの死とやらが、何をしでかそうとそれが何だ！　ジュリエット姫を私のものと呼ぶことができる、それだけで沢山です。

僧ロレンス　激しすぎる歓喜《よろこび》というものは、とかく終りを全うしない、勝利のさ中に生命を落す。あたかもちょうど火と火薬とのそれのように、触れ合う時が吹き飛ぶ時だ。

甘きにすぎる蜜は、甘きが故に却って鼻につき、
味わえば食欲もなにも消えてしまう。だからな、
愛はすべからく適度《ほどほど》にするがよい、生命長い愛はみなそうだ。
過ぎたるは及ばざるが如し、というからな。

ジュリエット登場。

ジュリエット姫が見えた。あの軽やかな足取りでは、
堅い敷石は未来永劫磨り減る日はあるまい。
恋する者は、夏の風に戯れる、あの糸遊の背に
乗ってさえ、落ちる惧《おそ》れはないという、
それほどにも軽いのだ、恋の空しい戯れはな。

ジュリエット　神父様、御機嫌よろしゅうございます。

僧ロレンス　お礼は、ロミオがわれら二人分言ってくれるはず。

ジュリエット　では、ロミオ様にも。でないと、お礼の戴きすぎになりますわ。

ロミオ　おお、ジュリエット姫、あなたの喜びと私の喜び、
たとえその量は等しくとも、現わす力であなたが上だというのなら、
どうかあなたのそのお言葉で、あたりの空気を

薫らせて下さい。そして今こそ、二人して知る
この嬉しい逢瀬、夢のようなこの幸福を、
楽の音にも紛うあなたの声で歌い出て下さい。

ジュリエット　心の想いというものは、言葉よりも内容《なかみ》によって床しいもの、
実質《まこと》をこそ誇れ、言葉の華を誇るものではございません。
持金《もちがね》を数えることのできるものは、貧しい人間に限っています。
私の真心、私の愛は、その身代の半ば、いえ、そのまた幾分をさえも、
数え上げることができないほど、大きくなってしまいました。

僧ロレンス　さあさあ、わしについておいで。大急ぎですませよう。
失礼だが、聖なる教会の手がお二人を一つにするまではな、
お二人限りにするわけには参らぬでな。〔一同退場〕

第三幕

第一場——ヴェロナ。* 街上。

マキューシオ、ベンヴォーリオ、侍童、召使等登場。

ベンヴォーリオ　ねえ、マキューシオ、帰ろうじゃないか。暑くはあるし、キャピュレットの奴等が出歩いている。出会わせば、一喧嘩は免れまいからな。なにしろこう暑くちゃ、つい血も狂って騒ぎ出す。

マキューシオ　よくある奴だぞ、貴様のは。居酒屋の敷居を跨ぐや否や、いきなりテーブルの上に剣を投《ほう》り出してさ。なにを言い出すかと思や、『手前なんぞに用はねえ、』だとね。ところでどうだ、二杯目の酒が廻るか廻らねえうちに、もう給仕人相手に抜いてやがる。それこそ、用なぞねえのになあ。

ベンヴォーリオ　俺がそんな男かねえ?

マキューシオ　おい、これ、貴様って男はな、カッとなる点じゃ、まずイタリア切って随一だ、カッとなっちゃア、ムッとなる、ムッとなっちゃア、カッとなる。

ベンヴォーリオ　*なんにだ?

マキューシオ　何人どころじゃねえや、貴様のような奴が二人いてみろ、すぐゼロになるに決まってる。殺し合いに決まってるじゃねえか。とにかく貴様って男はな、ヒゲの毛がたった一本多いだとか、少ないだとか、もうそれで喧嘩をおっぱじめてるんだから。人がハシバミの実を割ったといっちゃ喧嘩だ、しかも理由《わけ》を聞いてみりゃ、手前の眼の色がハシバミ色だからだっていう、たったそれっきりのことなんだ。第一貴様のその眼でなきゃ、そんな喧嘩の種子をほじくり出す眼玉なんてありゃしねえや。貴様の頭ってのはな、卵の中の黄味みてえに、喧嘩で一ぱいにつまってるんだ。そのくせ喧嘩の度に打っ叩かれちゃア、腐った玉子みてえに、アブクを立てていやがらァ。いつかも貴様、やったっけなァ、往来でさ。どっかの男が咳をして、そいで日向ぼっこをしていた貴様の犬が眼を覚したという、それでもうちゃんと喧嘩だ。とにかくね、どっかの仕立屋が、復活祭前に新調の上衣を着たといっちゃ、これも喧嘩だったっけなァ? まだある、新調の靴に古紐をつけた、それが一体気に食わねえと、こいつも喧嘩だ。それで俺に、喧嘩をするなって意見かい、笑わせるぜ。

ベンヴォーリオ　俺がもし貴様みたいな喧嘩早い男だとするとだねえ、じゃ、かりに俺の生命を丸買*いする奴があったとしても、*精々一時間と十五分以上の生命とは踏めねえわけだな。

マキューシオ　なに、丸買いだと! 丸買い、小遣い、たまるかいだ。

ベンヴォーリオ　南無三*、見ろ、キャピュレットの奴等だ。
マキューシオ　女房《かみ》さん、見ろ、構うもんけえ。

ティボルト等登場。

ティボルト　すぐ後からくっついて来い。声は俺がかける。いよう、これは。ところで、誰方かお一人、ちょっと一言お話が願いたい。
マキューシオ　誰方か一人、ちょっと一言お話が？　何とか色をつけねえか。一言ついでに一喧嘩ってなァ、どうだ。
ティボルト　いやお思召とあれば、こっちはもとより望むところ。
マキューシオ　お思召なんぞいただかなくとも、勝手に勝負と出られねえのか？
ティボルト　マキューシオ、貴様はな、ロミオの奴めと音《ね》を合わせやがって――
マキューシオ　音を合わす？　おい、貴様は俺たちを乞食芸人とでも思ってやがるのか？　思うなら思え、だが、いいか、おっそろしく音の合わねえ奴を聞かしてやるから、そう思え。さあ*、弓だ、これが。今に見ろ、カンカン踊り踊らせてくれるから。音を合わせてだと？　ヘン、糞食らえだ！
ベンヴォーリオ　とにかくここは往来、人中だよ。どっか物蔭へでも入って、ゆっくり

貴様の言い分を話し合うなり、でなけりゃ
このまま別れるとしよう。ここじゃ、まるで衆人環視だ。

マキューシオ　人間、見るための眼じゃねえのか？　見たきゃ見せろ、
俺はな、他人《ひと》様に気兼ねして引込むなんて、ええい、真平御免だ。

ロミオ登場。

ティボルト　どっこい、貴様とはもう仲直りだ。見ろ、下郎推参、俺の相手が現われた。

マキューシオ　おい、下郎とは凄まじいぞ。いつあの男が、貴様のお仕着せを頂戴した？
そうだ、貴様先に立って決闘場《はたしば》へ出てみろ、すりゃきっと彼奴はお伴をする、
その意味でなりゃ、たしかに貴様は大旦那、奴は下郎かも知れぬがね。

ティボルト　やい、ロミオ、俺は貴様が大嫌いだ、だから、これしきゃ、
お愛想は言えないんだが、――卑怯未練の悪党だぞ、貴様は！

ロミオ　ティボルト君、ところが僕の方じゃ、どうも君を愛しなくちゃならん
理由《わけ》があるのだ、だから、本当ならばカッと来なくちゃならん今の挨拶にも、
僕はもう何にも言わない。ただね、僕は決して悪党じゃない、下郎じゃない。
だから、今日は失敬しよう。君には、まだ僕という人間がわかっていないのだ。

ティボルト　やい、若僧、そんなことで、貴様から受けた数々の無礼、

ロミオ　その弁解《いいわけ》になるとでも思ったら大違いだぞ。だから、向き直って、さあ、抜け！
ね、君、はっきり言うが、僕が君に無礼をしたなんて、
そんな覚えは決してない、仔細を言わねばわかるまいが、
むしろ僕は、君の想像以上に君を愛している。
だから、ねえ、キャピュレット、——そういえば、この名前からしてが、
わが名に劣らず懐しいくらいだが——まあ赦してくれ。
マキューシオ　ああ、なんて恥っかきな、みっともない御機嫌取りだ！
なに、お突きィと一本、話はそれでつくんだよ。〔剣を抜く〕
やい、ティボルト、*鼠取り、出るとこへ出るか？
ティボルト　貴様はまた、俺にどうしようっていうんだ？
マキューシオ　なに、猫の王様《また》、猫王殿《また》、*手前の九つの生命の中、たった一つだ、頂戴したいとい
う、ただそれだけさ。そいつを一つ、自由にさせてもらいたいんだが、あとはそっちの出方
次第、なんなら残る八つも、序でにきれいにたたきのめしてお目にかけても結構。おい、抜
かねえのか、*一つ抜く手も見せぬ鞘走りってとこを？　早くしろ、でねえと、いいか、抜か
ねえうちに、こっちが一本、その手の方が見えなくなっちまうぜ。
ティボルト　よし、じゃ来い？　〔抜き合わせる〕
ロミオ　マキューシオ、まあその剣を納めろ。

マキューシオ　さあ、来た。お突きか、例の？〔斬り合う〕

ロミオ　ベンヴォーリオ、お前も抜いた。さ、叩き落すんだ、剣を。
おい、二人とも、みっともない、乱暴はよせったら！
ティボルト、マキューシオ、殿からの厳命ではないか、
ヴェロナの街頭《まちなか》で、喧嘩は厳に相成らぬという。
よせ、ティボルト！　おい、マキューシオも！

〔ティボルト、ロミオの腕の下からマキューシオを刺し、仲間とともに逃げる〕

マキューシオ　やられたッ！
ええい、くたばっちまえ、手前たちどっちの家もだ！　俺はもう駄目だ。
逃げたか、彼奴は？　無傷でか？

ベンヴォーリオ　どうした、やられたのか？

マキューシオ　なに、擦《かす》り傷、擦り傷だ。だが、もう深傷《ふかで》は十分。
小僧！　俺の小僧はどうした？　おい、行って、医者を呼んで来てくれ。〔侍童退場〕

ロミオ　おい、元気を出せ。たいしたことはない、傷は。

マキューシオ　なるほど、井戸よりゃ浅かろうし、教会の戸口よりゃ狭かろうじゃねえか。だがな、
当りは十分、役には立つさ。どうだ明日ね、俺を訪ねて来てみねえか、あわれ、はかなや、*

お墓入りってやつよ。洒落じゃねえぜ。いよいよ娑婆にもお別れか。へッ、くたばっちめ
え、手前たちどっちの家もだ！　畜生、変じゃねえか、ね、犬が、猫が、いやさ、鼠がよ、
人間様をひっかきやがる、そいでこっちがお陀仏たァねえ！　なんでえ、あの野郎、――ゴ
ロツキ、悪党、下司、下郎、一《ひい》、二《ふう》、三《みい》ッで、お突きとくら、まるで算術の本で剣術じゃね
えか！　それにしても、なぜまた貴様も分けになんぞ入りやがった？　俺は、貴様のその腕
の下からやられたんだぞ。
ロミオ　みんな善かれかしと思って、したことなんだがねえ。
マキューシオ　ベンヴォーリオ、どっかそこらの家へ連れてってくれ。
気が遠くなりそうだ。ええい、くたばっちめえ、手前たちどっちの家もだよ！
とうとうこの俺を、蛆虫の餌食にしちめえやがった。やられたよ、
それも、思い切りな。ええい、手前たちどっちの家もだ！　〔マキューシオとベンヴォーリオ退場〕
ロミオ　あの男は、太守公爵閣下の近い身内でもあり、
また僕にはとっておきの親友だった、それが僕のために、
致命傷を負ってしまったのだ。ティボルトのあの雑言は、
僕の名誉にも泥を塗ったわけだが、――それにしても、人もあろうに
あのティボルト、一時間前からは、僕にも縁戚続きになったあの男がなァ！
おお、ジュリエット、お前の美しさが僕を弱虫にしてしまい、

僕の中の、勇気の鋼《はがね》を鈍らせたのだ！

ベンヴォーリオ再び登場。

ベンヴォーリオ　おい、ロミオ、ロミオ、マキューシオは死んでしまったぞ！
あの気丈な魂も、とうとう雲を望んで昇って行ってしまったが、
思えば、気忙《ぜわ》しくこの世を厭《いと》ったものだと思うよ。
ロミオ　今日のこの禍は、決してこれだけではすむまいぞ、問題は今後だ、
今日のはほんの手始め、いずれは未来が結末をつけるより仕方がない。
ベンヴォーリオ　おい、ティボルトが帰って来た、怖ろしい権幕らしいぞ。
ロミオ　意気軒昂と、得意らしいな！　しかもマキューシオは死んでしまった！
もう寛大な斟酌など真平だ、天外へでも飛び失せろ！
燃えさかる憤怒の心よ、さあ、俺を導いて行け！

ティボルト再び登場。

さあ、ティボルト、さっき貴様のくれた悪党呼ばわりは、
今こそ貴様に返してやる。マキューシオの魂魄は、
ほんの俺たちの頭の上、まだそこいらにいるだろう。

道連れはいずれ貴様の魂、それを待っているはずだ。
さあ、貴様か、俺か、どっちかが道連れだ、いいか。

ティボルト　この青二才めが、どうせこの世で相棒の貴様だ、
これから先も仲好く行け！

ロミオ　そいつを決めるのが、今此剣《これ》だ。〔両人闘う。ティボルト倒れる〕

ベンヴォーリオ　ロミオ、おい、逃げろ、早く！
騒ぎ出したぞ、市が。ティボルトは死んだ。
ボンヤリしていちゃ駄目だ。もし捕まってみろ、
判決は死刑に決まっている。早く、さ、逃げろったら！

ロミオ　ああ、馬鹿奴、運命に玩《もてあそ》ばれる馬鹿だったな、俺は！

ベンヴォーリオ　なにをグズグズしてるんだ？〔ロミオ退場〕

市民等登場。

市民一　マキューシオを殺した奴は、何処へ逃げた？
下手人のティボルト、奴はどっちへ逃げた？

ベンヴォーリオ　ティボルトならそこだ。

市民一　殿様の御命令です、神妙になさい。　さ、一緒に来て下さい。

太守公爵、家来を従えて登場。つづいてモンタギュー、キャピュレット及びその夫人等登場。

太　守　この闘争を引き起した、不所存者どもはいずれにいる？

ベンヴォーリオ　ああ、公爵様、この恐ろしい争いの
不運な経過《いきさつ》は、残らず私から申し上げられます。
それに倒れておりますのが、ロミオの殺しました男、
そしてこの男が、殿下のお身内、マキューシオを殺したのであります。

キャピュレット夫人　あれまあ、甥のティボルトが！　兄の子が！
おお、殿下！　ああ、ティボルト！　あなた！　ああ、大事な身内の
血が流されました！　公爵様、どうぞ公正な公爵様、
私たち一族の血の償いに、モンタギューの血も流してやって下さいませ。
ああ、ティボルト、私の甥！

太　守　ベンヴォーリオ、この血塗れ沙汰の発頭人はだれなのだ？

ベンヴォーリオ　ここに死んでおりますティボルト、ロミオに殺された
ティボルトでございます。ロミオは言葉も穏やかに、喧嘩などはつまらない、

その上、殿下のお怒りのことも頻りに申して、反省を促したのです。
しかも言葉も静かに、顔色も穏やかに、膝さえ曲げて
言ったのですが、なにしろ和解話には一切耳を貸さぬという
ティボルトのことで、ついに彼の興奮し切った怒りを、
和らげることはできませんでした。それどころか、抜身をさげて、
これも血気のマキューシオの胸許めがけて突きかかったのです。
そうなれば、マキューシオとて負けてはいない、勢い烈しく切り結んで、
なにを小癪なとばかり、*片手は相手の氷の刃をサッと払う、
残る片手では、すかさず相手に応酬する、という有様、
それをまたティボルトもさるものです、早速切って返す、その時でした、
ロミオは一声、高く、『待て、二人とも！　別れろ！』と叫ぶなり、
声より早く、彼の素早い手練は、忽ち二人の獲物を叩き落し、
二人が中に割って入りました。ところが、どうもその腕の下から、
ティボルト恨みの一太刀が、流石剛毅のマキューシオに、
致命の一突きを与えたのです。そこで一旦、ティボルトは
逃げましたが、またしてもすぐ帰って来ますと、
今度はロミオも、復讐の念でいっぱい、

たちまち稲妻のように斬り合いがはじまってしまいます、
なにしろ私としても、剣を抜いて、引き分ける暇もないくらい、
流石頑強なティボルトも、みるまに斬り倒されるし、
と見ると、たちまちロミオも、踵を返して逃げてしまいました。
これが真相、もし偽りがありましたら、生命を召されても結構であります。

キャピュレット夫人　いいえ、この人はモンタギュー家の一族です。
身贔屓《びいき》からして事を曲げ、決して本当のことは申しておりません。
なんでもこの喧嘩には、二十人ばかりの者が加わって、
その二十人が、寄って集まってやっと一人の生命を取ったのです。
公正なお裁きがお願いです、殿下、そうして下さらなければなりません。
ティボルトを殺したのはロミオです。生かしておくわけにはまいりません。

太守　いかにも、ティボルトを殺したのはロミオだが、そのティボルトがまた、
マキューシオを殺したのだ。その血はだれが償うのだ？

モンタギュー　ロミオではございません、殿下。奴はマキューシオの親友でした。
殺したのは誤りですが、いわば国法によって絶つべきものである、
つまり、ティボルトの生命を絶ったにすぎません。

太守　その罪に対しては、

ロミオは即刻当地より追放ということにする。なお其の方どもの憎しみから出た
この不幸に関しては、実はわしも無関係だとはいえない。
不埒なこの騒擾のために、いわばわしの血も流されているのだ。
だが、わしはむしろ其の方どもすべてが、流されたその血を悔いるような、
そうした重い科料を、罰として課そうと思うのだ。
訴願や言い訳は一切きかぬ。涙も祈りも、
これまた罪過を償うには足りぬ。したがって、
そのようなことは一切無用。ロミオは早々立ち退かせるがよい。
でないと万一見つかれば、その時が最後だと思え。
この死骸を運び出せ。そしてわしの命令を待つのだ。
人殺しを赦すような慈悲は、さらに人殺しを促すだけだからな。〔一同退場〕

第二場――*キャピュレット家の庭園。

ジュリエット登場。

ジュリエット　さあ、まっしぐらに駆けておくれ、焰の脚の若駒ども、*
日の神様《フィーバス》の今夜の泊まりへ、もしもあのフェイトンのような

御者ならば、それこそ一目散にお前たちを駆りたてて、
すぐにも暗い夜をつれて来てくれるだろうのに。
恋の舞台とやらの夜の闇よ、隙《ひま》なく帷《とばり》をめぐらしておくれ、
彷徨《さまよ》う人たちの眼を蔽って、私のあのロミオ様が、人に知られず、
見咎められず、一思いにこの腕の中へ飛びこんで来て下さるように。
恋するものというものは、自分たちの美しさだけを明りにして、
結構恋の逢瀬は遂げるということ、それに、もしまた恋が盲目《めしい》なら、
なおさら夜の闇はふさわしい。さ、来ておくれ、
黒一色に、装《よそ》いも厳《きび》しい老女の夜、お願いだわ、
純潔無垢の処女と童貞と、その二つを賭けたこの勝負に、
勝って、しかも負けるという術《すべ》を教えてもらいたいの。
そして、私のこの頰に騒ぐ、まだ人馴れぬ若い血を、その黒い*マントで、
目隠ししておくれ、すれば、きっと私のこの臆病な愛も大胆になり、
恋故にこそ、あらけない振舞も、ただ恋の常と思うようになるわ。
さ、夜よ、早く来て！　そして、あなた、夜の闇に昼とも見紛うロミオ様も！
夜の翼に運ばれていらっしゃるあなたのお姿、それは、きっと
あの烏羽玉の鴉の背に降りかかる、新雪の白さよりももっと鮮やかよ。

面《おも》こそ黒けれ、心やさしい愛の夜、さ、早く来ておくれ、
ロミオ様をこの私の腕に、そう、そして、もしロミオ様がお歿《な》くなりになれば、
ロミオ様はお前にあげる、切り刻んで、小さな星屑にするがよい、
すれば大空は、どんなにか美しく輝きわたることだろう。
人という人は、みな夜の闇に恋いわたり、もう二度と、
あのくるめく日の神など、崇めるものはなくなることよ、きっと。
それにしても、今の私のもどかしさ、せっかく恋の屋敷は買いながら、
まだ住んではみないというそれなのか、それとも買い手はつきながら、
まだ真実愛《め》でてはもらえぬというそれなのか。ああ、今日という日のこの長さ、
まるで新しい晴衣はもらったものの、着せてはもらえないという、
祭の前の夜の子供たち、そのもどかしさにそっくりね。
あ、乳母だわ、ちょうど。なにか消息《たより》があるにちがいない。
ただロミオ様のお名前だけでもいい、口にしてくれることは、
私にとっては、すばらしい天使のおとずれも同然だわ。

乳母、縄梯子を携えて登場。

ねえ、乳母、なにかいい話？　何なのよ、それ？　ああ、ロミオ様が

乳母　お命令《いいつ》けになった縄梯子ね？　はい、はい、その縄梯子でございます。〔縄梯子を投げ下ろす〕

ジュリエット　まあ、どうしたっていうの？　なんだってそんなに手を振り絞って？

乳母　いいえ、お嬢様、それがその、お歿くなりに、お歿くなりになったのでございますよ。

もうなにもかも、なにもかもお仕舞いでございます、お嬢様。

ああ、悲しや、悲しや！　斬られて、お歿くなりになったのでございますよ。

ジュリエット　まさかそんなことが？　ああ、神様もあんまりだわ。

乳母　いいえ、あんまりなのは、
ロミオ様でございますよ、神様じゃございませんとも。ああ、あのロミオ様が！

ロミオ様が！　だれが思いがけましょうぞい、こんなことを？　あのロミオ様が！

ジュリエット　まあ、なんて悪魔なの、お前は、こんなに私を苦しめるなんて？

そんな恐ろしい言葉は、地獄へでも行って、言ってもらいたいものだわ。

ロミオ様が自殺でもなすったというの？　ハイなら、ハイとだけおっしゃい、
そのハイという一言だけで、私にとっては、一目で人を殺すという
あの毒竜《コカトリス》よりも、もっともっと恐ろしい毒なのよ。

もしもそんなハイがあるのなら、二度ともう私はハイとは言わない。

それとも＊ロミオ様の肺が、もう呼吸をやめてしまったので、

それでハイとでもいう洒落なの、乳母？　本当になくなられたのなら、ハイとおっしゃい、でなければ、そんな言葉はもう真平。ほんの一言、それでもう私の幸福も、不幸も決まるのだもの。

乳母　乳母はちゃんと傷口まで見て参りました、ああ、思い出しても恐ろしい！――あの男らしいお胸のここに、乳母はちゃんとこの眼で見て参ったのでございます。血だらけの、見るも無慙な死骸におなり遊ばして、お顔色といえば、灰のように真蒼、身体中血まみれはおろか、到るところ血綿がこびりついているのでございます。乳母はもう一目見ただけで、気を失ってしまいました。

ジュリエット　おお、私の心臓、裂けておしまい！　哀れな破産者のこの心臓、今すぐ裂けておしまい！　この眼も、いっそ牢屋へ行ってしまうがよい！　二度と自由を見ることはいらぬ。汚い土塊《つちくれ》のこの身体、お前も土に帰るがよい！　もう一切の作用《はたらき》を止めて、ロミオ様と一緒に一つ柩の重荷になるがよい！

乳母　おお、ティボルト様、ティボルト様、だれよりもお親しかったティボルト様！　お人柄で、親切で、立派な紳士のティボルト様！　情なや、なまじ長生きしたばかりに、お前様のこんな死に目に会いましょうとは！

ジュリエット　どうしたっていうの？　変な暴風雨《あらし》ね、こんなに急に風向きが変るなんて。ロミオ様が殺されて、ついでにティボルトもなくなったっていうの？

あの大好きな従兄のティボルトと、もっと大事なロミオ様とが？
でも、もしかそうなら、それこそは世の終り、さあ、大ラッパを吹き鳴らすがいいわ！
あのお二人になくなられて、だれがおめおめ生きていられようというの？

乳母　いえ、おなくなりになりましたのはティボルト様、ロミオ様の方は御追放、
つまりティボルト様をお刺しになったかどで、御追放というわけでございます。

ジュリエット　まあ、じゃ、ティボルトはロミオ様のお手にかかって？

乳母　そうでございますとも。情けないことに、そうなんでございますよ。

ジュリエット　おお、花の顔にかくれた毒蛇の心！　それにしても、
あの恐ろしい竜が、こんな美しい洞窟に住んだ例《ためし》があるのかしら？
麗しの暴君！　天使のような悪魔！
鳩の羽根をつけた烏！　狼のように残忍な小羊！
姿は神に似ながら、心は見下げ果てた根性！
とにかく見かけとはまるで正反対の、いってみれば、
地獄の聖者、名誉高い大悪党！　おお、造花の自然よ、
この世の楽園とも見紛うあの美しい身体の中に、
これはまた悪魔そのままのあの魂を宿らせたからには、
さぞかし地獄では、大騒ぎだったろうと思うわ。

それにしても、こんな汚い内容《なかみ》の書物に、こんな美しい装釘がされた
例《ためし》があるのだろうか？　ああなんということ、あの美しい宮殿の中に、
こんな偽りが住んでいようとは！

乳母　それはもう殿方などというものに、
信用も、正直も、あったものではございません。誰もみんな、
偽《うそ》は誓う、誓言は破る、心の曲った、大嘘吐きばかりでございますとも。
あれまあ、私の召使奴はどこへ参りましたっけ？　火酒《しょうちゅう》など少しいただきましょう。
こんな悲しい、こんな苦しい目ばかり見ましては、乳母も年を取りまする。
ほんとうにまあ忌々しい、恥っかきのあのロミオの奴めが！

ジュリエット　よくもまあ、そんなことを言
って、乳母の舌こそ腐ってしまうがいい！　ロミオ様に限って、恥などおかきになる方じゃ
ないわ。
あの方の額といえば、恥の方で恥かしくなって逃げ出すくらい、
それどころか、世界中をただ一人支配なさる王様のような、
そんな栄誉の坐るにこそふさわしい王座なのよ。ああ、それにしても、
あの方のことを悪様《あしざま》に言うなんて、私こそなんという人でなしなんだろう！

乳母　では、お嬢様は、お身内を殺したあの男をお褒めになるんでございますか？

ジュリエット　だって、私には夫のロミオ様、それを私が悪くなど言っていいの？
ああ、悪かったわ、人もあろうに、よし三時間にもせよ、妻だったこの私が、
散々お名前を傷だらけにしてしまって、誰が元通りにしてくれようっていうの？
でも、そういえば憎らしい、なぜティボルトを殺したりなどなすったんですの？
ああ、でもそうでなければ、あなたの方が殺されたかもしれないんでしたわねえ。
だから、お馬鹿さんのこの涙、さ、元の泉へお帰り、さっさと。
お前のその涙の滴、それはもともと悲しみのためのものなのよ、
それを間違って、お前ったら、嬉しいことに捧げている。
あのティボルトが殺そうとした、私のロミオ様は生きていらして、
私のロミオ様を殺そうとした、ティボルトの方が死んだんじゃないの。
みんな嬉しいことばかり、それを、なぜ泣くのだろう、私ったら？
そうよ、ティボルトの死んだのよりももっと悪い、さっきの一言が、
私を殺してしまったんだわ。できることなら、喜んで忘れてしまいたい、
だのに、ああ、それが、まるで罪人の心にまつわる恐ろしい罪のように、
私の記憶をなやませるなんて――『ティボルト様はおなくなりになりますし、
ロミオ様は――御追放でございます。』その『追放』って言葉、
『追放』っていう一言に、いわば一万人のティボルトを殺す力があったのよ。

ティボルトの死、ただそれだけでお仕舞いだっても、
悲しいことは十分だのに、不幸ってものは道連れが好きなのね、
どうあっても、もっと他の悲しみと、一緒に来ようというのかしら、
でも、それならそれで、なぜ、あの『ティボルト様はおなくなりになった』
という言葉の後が、せめてはお父様だとか、お母様だとか、いいえ、
いっそ二人御一緒だったっていいわ、そうした言葉であってくれなかったの？
それならば、まだ世の常の悲しみだけですんだろうのにねえ。
ところがそれが、ティボルトが死んだという言葉の殿軍《しんがり》に、
『ロミオ様は御追放』っていうんじゃねえ、それはもうお父様も、
お母様も、ティボルトも、ロミオも、ジュリエットも、
みんな殺されて、死んじまったも同然よ。『ロミオ様は御追放』！
その一言の恐ろしい力には、際《はて》もなければ、限《きり》もない、
量《はかり》もなければ、境もないことよ。それはもう表わす言葉もないほどの悲しみ！
ねえ、乳母、お父様やお母様はどこにいらっしゃるの？

乳母　ティボルト様の御遺骸《おなきがら》を前に、泣いてばかりいらっしゃいます。
いらっしゃいます、お嬢様も？　乳母が御案内致しましょう。

ジュリエット　せっかく涙で、傷口を洗っておやりになるがいいわ。私の涙は、

お二人の涙が涸れ尽きておしまいになってから、思う存分流すつもりだわ。さ、その縄梯子はもう持って行っておくれ。ロミオ様の追放のために、可哀そうに縄梯子、お前も私も大当て違いだったのねえ。だって、ロミオ様は御追放。せっかく私の寝所《ねま》への通い路におつくりになったのに、私もこのまま、処女ながらの寡婦《やもめ》で死ななければならないのかしら。さあ、おいで、縄梯子も。それから乳母も。私も、晴れの新床に就くにはつくが、私が処女を捧げるのは、あのロミオ様じゃなくて、死神だとはあんまりねえ！

乳母　さ、早くお部屋へいらっしゃいませ。ロミオ様は、乳母がお探し致しまして、きっとお喜ばせ致しましょう。おいでの場所はちゃんと承知しておりますぞえ。さ、よござんすか、お嬢様、ロミオ様は今夜必ずお越しになりますす故。では、行って参ります。ロレンス様の庵室に隠れておいでなんでございますよ。

ジュリエット　ああ、それじゃ早くお目にかかって！　この指輪を、私の恋人、ロミオ様にね。そして最後のお別れですもの、きっとお出でになってと、そう言って。〔両人退場〕

第三場——僧ロレンスの庵室。*

僧ロレンス登場。

僧ロレンス　ロミオ、出て来なさい。おどおどすることはない、出て来なさい。
いわばお前の器量に、苦難が魅入ったとでもいおうか、
まるで災厄と二世の契を交したようなものだ。

ロミオ登場。

ロミオ　何か消息《たより》がありましたか？　太守の宣告はどうなりました？
まだこの上、なにか私の知らない悲しみが、私に知己《ちかづき》を
求めようというのでしょうか？

僧ロレンス　可哀そうに、もう沢山だよ、
ああした悲しい交際《まじわり》に、お前はあんまり深入りしすぎたのだ。
ところで、太守の宣告は、聞いて来てあげたからな。

ロミオ　いずれはわが世の終り、死罪以下でありますまい。

僧ロレンス　ところが、太守の口から出たのは、ずっと寛大な宣告、
つまり死罪ではのうて、ただ身柄の追放というだけだ。

ロミオ　なに、追放ですって？　可哀そうだと思えば、死罪と言って下さい。
というのは、死刑よりも、なまじ追放の方が、はるかに
恐ろしいのです。追放とだけは言わないで下さい。

僧ロレンス　追放というのは、このヴェロナの市からだけなのだ。
我慢しなさい。世界は大きい、世界は広い。
ロミオ　いえ、ヴェロナの外に世界はありません、
どこもすべて苦界、煉獄、いや、地獄そのものなのです。
ここから追放されることは、世界中から追放されることであり、
世界中からの追放は、結局死なのです。してみれば追放というのは、
死罪ということの美名にすぎない。死罪をただ追放と呼ぶことによって、
あなたは黄金の斧で、私の首を刎ねて、一撃必殺、
その斬れ味、腕の冴えを、得意気に笑っておられるようなものだ。
僧ロレンス　これはまた恐ろしい罰当たりな言い方！　なんという恩知らずだ！
法からいえば、お前の罪は当然死罪、それを寛大にも、
太守はお前の味方になって、暫く法をまげてまで、
死罪という恐ろしい宣告を、追放に変えて下さったのではないか。
これは実に大変な御慈悲というもの、それがお前にはわからないのだ。
ロミオ　慈悲ではない、拷問です。ジュリエット姫のいるここ、
この市こそは天国、犬も、猫も、小鼠も、
どんな取るに足りない生物でも、すべてここに住めばこそ天国、

みんな、姫のあの顔を仰ぐことができましょうのに、
このロミオだけはそれが許されぬという。腐肉に集まる蝿の方が、
まだこのロミオよりは、生き甲斐もあり、楽しみもあり、
羨ましい身分だと思います。時にはいとしいジュリエット姫の、
あのすばらしい雪の手につかまることもできれば、
さてはあの二つの唇ですが、汚れぬ処女《おとめ》の慎しみから、
かたみに触れ合うのをさえ、罪のおそれとおののいてか、
絶えず紅を染めているあの風情、その姫の唇から、
時には永遠の祝福を盗みとることもできましょうのに、
それがこのロミオにはできないのです。ロミオは追放、
蝿にさえ許される幸福を、私は捨てて行かなければならぬ。
蝿が却って自由の身で、私は追放の囚人なのです。
これでもあなたは、追放が死罪でないとおっしゃるのですか？
殺す手段《てだて》に事を欠いて、追放とはなにごとです。毒薬でも、
研ぎすました短剣でも、そのほかどんな卑怯な殺し方でもよいが、
なかったのでしょうか？　――追放だと仰《おっしゃ》るのですか？
ああ、それは地獄に堕ちた人間の使う言葉、すぐあの阿鼻叫喚の

呻きを思わせるものです。神に仕える身のあなた、懺悔を聴き、
罪を赦し、そればかりではない、変らぬ私の味方であるべきあなたまでが、
言葉もあるに、追放の一語で私を殺して、それでなんともないのですか？
僧ロレンス　どうかしたのか、馬鹿な奴だ、もう少しわしの言うことを聞くがよい。
ロミオ　あなたのことですから、いずれまた追放の話でしょう。
僧ロレンス　いや、その言葉を払いのける鎧をお前にあげようというのだ。
いわば苦難をまぎらす甘い乳、哲学をあげようと思うのだ、
きっと心の慰めになろう、たとえ身は追放の中にあろうともな。
ロミオ　そらまた『追放』でしょう？　哲学なんぞ、犬にでも食われろだ！
哲学でジュリエット姫がつくれるなら知らず、それとも市が変り、
領主の宣告が取り消しになるというなら、いざ知らず、
でなければ、そんなものが一体なにになる。もう何も言わないで下さい。
僧ロレンス　やれやれ、なるほど狂人には耳はないはずだな。
ロミオ　当たり前ですよ、賢人とやらに、眼がないのですからね。
僧ロレンス　では、一つお前の今の立場、それについて話し合ってみようじゃないか。
ロミオ　直接感じてもいないことを、あなたにそんなことができるものですか。
あなたが私のように若くて、ジュリエットという恋人があって、

しかも結婚したばかり一時間というのに、ティボルトが殺され、
これも私同様、恋に酔い痴れた身を、追放ということになって御覧なさい、
その時こそ、あなたも口を利く資格がありましょう、今の私のように、
髪の毛をかきむしったり、早手廻しの墓穴じゃないが、長々と、
地面に倒れてのびるなどということも、しかねませんでしょうからね。〔舞台奥で扉を叩く音〕

僧ロレンス　さ、立って！　だれか扉を叩いている。ロミオ、さ、隠れるのだ。

ロミオ　いやです。もっともこの悲しい胸の溜息が、霧のように
私を包み、人目から隠してくれるなら別ですがね。〔再び扉を叩く音〕

僧ロレンス　それ、あんなに叩いている！　だれだ！　さ、ロミオ、立って！
捕まるぞ。〔ちょっと待ってもらいたいな！〕さ、立って！
大急ぎでわしの書斎へな。〔ああ、今開ける、今開ける！〕はてさて
なんという馬鹿だ、これは！〔今行く、今行く！〕〔叩く音つづく〕
だれだ、そんなにひどく叩くのは？　何処からだ？　用は何だ？

乳　母　〔奥で〕ちょっとお開け下さいませ、すれば用向きは申し上げます。
ジュリエット様からの使いでございます。

僧ロレンス　なに、それはよう来られた。

乳母登場。

乳　母　おお、上人様、どうぞお聞かせ下さいませ、
お嬢様の旦那様、ロミオ様は何処にいらっしゃいます？
僧ロレンス　それ、そこだ、地面の上、われとわが涙に酔っぱらったところだ。
乳　母　あれまあ、お嬢様と同じこと、お嬢様が、
この通りなんでございますよ。*悲しい心の同感《おもいよう》、
まことお痛わしいお身の上。やはりこの通りお泣き伏し遊ばして、
お泣きになるやら、わめかれるやら、それはもう大騒ぎでございますよ。
さ、お起き遊ばせ、あなたも殿御なら、さ、お起き遊ばせ、
お嬢様、ジュリエット様のためでございますよ、ピンとお立ち遊ばせ。
なにをまた、そんなにウンウンお呻り遊ばすので？
ロミオ　〔起き上りながら〕乳母！
乳　母　はい、はい、はい！　そうそう、生命あっての物種でございますとも。
ロミオ　ジュリエット姫の話をしていたね、お前は？　どうしておられる？
僧のことを、憎い人殺しだとでも思ってはいられないかね？
とにかく生まれたばかりの二人の幸福を、しかもあまりにも近い

姫の身内の血でもって、汚してしまったのだからねえ。
何処におられる？　どうしておられるのだ？　そして人こそ知らね、
僕の妻として、この破れた愛をなんと言っておられる？

乳母　いえ、それが何も仰いませんで、ただ泣いてばかりいられるのでございます。
床の上に身をお投げになるかと思うと、また急に怯えたようにお立ちになって、
ティボルト様のお名をお呼びになる、ロミオ様のお名を大声にお呼びになる、
そしてはまた、倒れておしまいになるのでございます。

ロミオ　いってみればその名前が、
まるで狙い違《たが》わぬ鉄砲の筒口からでも飛び出したように、
姫を撃ち殺してしまったともいえよう。その名の主《ぬし》の恨めしいこの手、
それが姫の身内を害《あや》めてしまったのだからな。おお、ロレンス様、
いったい私のこの身体の、どこにロミオという名前は
宿っているのでしょう？　言って下さい、すれば、その憎らしい棲家を、
私は一思いに打ち壊してしまいましょうから。〔剣を抜く〕*

僧ロレンス　乱暴をするものでない。
それでもお前は男か？　姿容《かたち》を見れば、どうみても男だが、
お前の涙、それは女の涙だ。それに、その狂人《きちがい》じみた所行と来ては、

まるで理性を持たぬ獣同然の興奮ではないか。
見かけは立派に男ながら、心は見苦しい女の振舞！
それとも、男といい、女というは見せかけだけ、ありようは恥かしい獣の根性だ。
とにかくお前には驚いた。実は正真正銘の話、
もう少しましな人間だろうと、わしは思っていたのだが。
ティボルトを殺したのではないか？　まだその上に自分を殺したいのか？
そればかりではない、自分を呪って殺すのもよいが、
お前を生命と生きておられる姫までも、ついでに害めたいというのか？
生を呪い、地を呪い、天まで呪う、お前になに理由《わけ》があるのだ？
天と地と生と、この三者が相合って、はじめてお前というものはできる、
それをお前は、一時にみな捨ててしまおうというのだ。
馬鹿馬鹿しい！　お前のその姿容《かたち》、その愛、その理性を辱しめる話だ。
吝嗇家のように、せっかくなにもかも有りあまるほど持ちながら、
お前という男は、それらを何一つ正しい途、つまりお前のその姿容、
その愛、その理性の輝きとなるような使い方をしないのだ。
一度真の男の勇気からはずれては、
お前のその立派な姿容も、要するに一個の蠟細工にすぎないし、

せっかく誓った大事な愛も、かんじん心を籠めて愛情を誓った、
その当の相手を殺してしまうようでは、空しい偽りの誓言としかいえぬ。
それにまた、姿容や愛の飾りたるべきお前の理性もだ、
もし間違って、それら両者の指導を誤った場合には、
これはもう未熟な兵士の薬入れに詰めた火薬同然、*
われとわが愚かさ故に火を発し、身を衛るはずの
その武器で、みずから五体を粉砕しさるようなものだ。
よいか、これ、元気を出すのだ。つい今もお前が、
死なんばかりに恋い焦れていた姫は、ちゃんと生きておられる。
これがまずお前の幸福。それからティボルトはお前を殺そうとしたが、
お前の方が却ってあれを殺してのけた、これもお前の幸福の一つ。
当然死刑だと思われた法までが、お前の味方になって、
追放ということに変った。これもまた幸福の一つだ。
重ね重ねの幸福が、お前の背に降り下ったというもの、
まるで幸福の女神が、晴れの姿でお前に愛を求めているようなものだ。
それをまたお前という男は、まるで行儀知らずの小娘のように、
われとわが幸運や恋に向かって、口を尖らかして膨れっ面をする。

気をつけることだ、そういう人間に限って碌な死に方はしない。
さあ、手筈通り、ジュリエット姫のところへ行って、あの部屋へ攀《よ》じ上るのだ。さ、早く行って、慰めてあげなさい。
グズグズしてはいないこと、
だがな、夜警が廻ってくるまで、発つにも発てないことになるからな。
でないと、マンチュアへ、発つにも発てないことになるからな。
マンチュアにさえいれば、いずれわしが時を見て、
お前たちの結婚を発表し、両家の人々の心も和らげ、
公爵殿のお赦しをえて、今お前が発って行くその悲しみの
百万倍も大きな歓喜《よろこび》をもって、呼び戻すことにしようから。
さ、乳母殿、其方《そなた》は先に行かれるがよい。
どうか姫によろしく。それから、これも姫に申し上げて、
家中のものをみんな、早々に寝《やす》ませるようにしなさい。
いずれ深い悲しみのあと、みんな眠いにきまっているからな。
ロミオもすぐあとから行く。
乳母　やれやれ、結構なお話、私はまた今夜、夜通しでもここにいさせていただいて、
お伺いしたいくらいでございますよ。大したもんでございますね、学問ってものは！
ロミオ様、あなた様のお越しのことは、ちゃんとお嬢様に申し上げますでございます。

ロミオ　どうぞ、それからお叱りの方も十分御用意下さいって。
乳母　それから、この指輪、お嬢様から、あなた様にとのことでございました。
さあ、どうぞお急ぎ下さいませ。夜も大分と更けます故。〔退場〕
ロミオ　これで私の気持ちは、すっかりよくなりました。
僧ロレンス　早く行くがよい、お休み。ところで現在、問題はだな、
お前が今夜、夜警の廻らぬうちに立ち退くか、
それとも夜の引明け、姿をかえて出発するか、
どちらかその一つだ。しばらくマンチュアにいるがよい、
すれば、いずれお前のために人を探し、何かよいことでもあれば、
それはその都度、きっと知らせることにしようから。
さ、握手だ。もうおそい。さようなら、お休み。
ロミオ　喜びに優《まさ》る喜び、それに呼ばれて行くのですからいいようなものの、
でなければ、あまりにも本意ないこのお別れ、さだめし悲しいことでしょうに。
では、お別れ致します。〔両人退場〕

第四場——キャピュレット家の一室。*

キャピュレット、キャピュレット夫人及びパリス登場。

キャピュレット　いや、もう飛んでもないことが起りましてね。
そのために、まだ娘に話す暇もございませんのじゃ。御存じの通り、
娘はあのティボルトが大好きでございましてな、むろんわしもそうでしたが、——
いや、もっとも生まれたからには、人間一度は死ぬのが、当然といえば当然の話。
それに、今夜はもうおそい。もう娘も降りては参りますまいて。
もしあなたさえお見えにならなければ、むろん私とても、
もう一時間前には寝んでいたところでしょうからな。

パリス　なにぶんにもこのお取り込み、とても縁談どころではございますまい。
では、奥様、お休み下さい。姫にはどうかくれぐれもよろしく。

キャピュレット夫人　畏まりました。明日は朝早く、娘の心を確かめてみましょう。
今夜はとにかくあの悲しみ、すっかり鬱《ふさ》いでおりますから。

キャピュレット　いや、パリス殿、娘の心は、思い切って私から差し上げましょう。
私の申すことならば、何事によらず娘は諾《き》くと思います。

いや、もうそれについては、一向懸念ございません。
これ、お前も寝む前に、もう一度娘のところへ行っておくれ、
そしてパリス殿のお心を、あらかじめ通じておくがよい。
それから、いいかね、ええと、この水曜日――
おっと、ところで今日は何曜日でござったかな？

パリス　月曜日でした。*

キャピュレット　月曜日と、ふむ、ふむ、なるほど、水曜日では急すぎるしと、
ええと、木曜日がよい。それでは娘にな、木曜日には、
こちらのこの伯爵殿へ輿入れと、そう伝えておいてもらいたい。
ところで、あなたの方の御用意は？　こんなに急いで、
差し支えありますまいな？　なに、大したことはせぬつもり、――
ほんの友達の一人か二人、と申しますのがな、
なにしろティボルトが殺されたばかり、あんまりひどく騒いでは、
身内のことではあり、心ない仕打ちと見えぬものでもない。
そんなわけで、呼ぶのは精々友達の五六人ぐらい、
それだけにしましょうよ。ところで、木曜日ということには？

パリス　いえ、私はもうその木曜日が、明日であればよいと思いますくらい。

キャピュレット　じゃ、今夜はこれでお別れとしよう。では、木曜日と、
よござんすな。それから、これ、お前はな、寝る前に
娘のところへ行って、この晴れの日の準備をさせなさい。
では、パリス殿、さようなら。おーい、燈火《あかり》じゃ、わしの部屋へ!
これはこれは、ひどく遅いぞ。これは、
もうやがて朝だといってもよいくらい。
では、お休み。〔両人退場〕

第五場――キャピュレット家の庭園。*

ロミオとジュリエット、二階の窓へ登場〕

ジュリエット　もういらっしゃるの? まだ朝には間がありますわ。
おびえていらっしゃるあなたの耳に、今聞えたのは、
あれはナイティンゲイル、雲雀じゃありませんわよ。
毎晩、あの向うのザクロの樹でないてますのよ。
ねえ、あなた、本当ですの、ナイティンゲイルですのよ。
ロミオ　いいや、朝を先触れする雲雀だった。

ナイティンゲイルじゃない。ほら、御覧、あの向うの東の空、
別れて行く雲の裂目を縁どって、あの意地悪い朝の光を。
夜の燭火《ともしび》は燃え落ちて、はや、楽しげな朝が、
霧深い山の頂に爪先立ちして立っている。
往って生命を助かるか、ぐずぐずすれば死があるだけだ。

ジュリエット　いいえ、あの光、あれは朝の光じゃありませんのよ、
ええ、そうなんですの。あれはきっと太陽の吐く光り物*、
今夜、あなたのために炬火《たいまつ》持ちになって、
マンチュアへの道を照らしてくれるつもりなのですわ。
だから、まだいいんですのよ、いらっしゃらなくとも。

ロミオ　じゃ、僕はもう捕まってもよい、殺されてもよい。
あなたがそのお心なのなら、僕はそれで満足です。
あの仄《ほの》明りも朝の瞳ではない、月の女神の面からの、
ただ蒼白い照り返しだとしておきましょう。
それからあの僕たちの頭上はるか、大空かけて
冴え渡る調べも、雲雀じゃないとしておきましょう。
僕だって、往きたいよりは、どんなにかこのままでいたいことか。

さあ、死よ、来るなら来い、喜んで迎える！ 姫のそれが望みなのなら。
どうした、ジュリエット？ 話そう、もっと。朝じゃない。

ジュリエット いいえ、朝だわ、朝なのよ。さ、往って頂戴、早く、早く！
雲雀ですわ、あの調子っ外れのあの歌声は。
うるさいったら、耳障りな金切り声に啼きたてて。
雲雀の歌を、美しいという人もあるけれど、
ほんにあの声は憎らしい、私たちを引裂いてゆく歌なのですもの。
*雲雀と、あのいやなヒキ蛙とが、眼を取り替えっこしたということだけれど、
それなら、いっそあの声も取り替えっこしてくれたらばよかった！
だって、あの声こそは私たちの逢瀬を引き裂き、
あなたを旅に駆り立てる、*憎らしい後朝《きぬぎぬ》の歌なのですもの。
さあ、いらして頂戴！ 言うまにも明るさが増してくる。

ロミオ 明るさが増せば増すほど、暗くなるのが僕たち二人の苦しみだ！

乳母登場。

乳母 お嬢様！

ジュリエット 乳母？

乳母　奥様が今お部屋の方へいらっしゃいます。
夜が明けました。お気をつけて、御用心なさいませ。〔退場〕
ジュリエット　では、窓よ、光を入れて、そして生命を送り出しておくれ。
ロミオ　さようなら、さようなら！　もう一度接吻を。それでは行こう。〔二階舞台から降りる〕
ジュリエット　このままいらっしゃるのねえ？　いとしい人、ええ、大事な私のあなた！
きっとお手紙下さらなきゃ駄目よ、毎日、いいえ、一時間毎に。
だって、私には一分毎が、それこそもう何日という思い、
でも、ああ、そんな風に数えていたのでは、今度お目にかかるまでに、
私もうすっかりお婆様になっているかもしれない。
ロミオ　さようなら！
ねえ、機会《おり》さえあれば、
きっと便りは忘れるものか。
ジュリエット　でも、ああ、私たち、もう一度会える時があるかしら。
ロミオ　あるとも、むろん。そしてその時には、
今のこの苦しみは、みんな楽しい語り草になる、きっと。
ジュリエット　ああ、いや、いや、なんだか虫でも知らせるような気がする！
そこに、下に立っていらっしゃるあなたの姿が、

なんだか、まるで墓の底に横たわる死人をでも見るような。
私の眼の悪いせいか、それともあなたのお顔色の蒼いせいか。

ロミオ　そういえば本当、ジュリエット、あなたの顔もその通り。
悲しみの溜息が、僕たちの血を吸いとるのだ。さようなら！〔退場〕*

ジュリエット　おお、運命の女神様！　みんながお前のことを浮気者という。
もし本当に浮気者なら、誠実《まこと》で聞えたあの人に、
お前など、なにかかわりがあるものか？　それとも、浮気ならそれもいいわ。
だって、それならそれで、あの人を長く引き留めておくこともあるまいし、
きっとすぐに返してくれるだろうから。〔二階舞台から降りる〕

キャピュレット夫人〔舞台奥で〕　ねえ、お前、まだ起きているの？

ジュリエット　だれかしら、呼んでるのは？　お母様かしら？
こんなにおそく、まだお寝みにならないのかしら？　それとも、
早いお目覚めかしら？　珍しい、何用あっていらしたのだろう？

*キャピュレット夫人登場。

キャピュレット夫人　まあ、どうしたの、お前ったら？

ジュリエット　なんだか気持ちが悪いの。

キャピュレット夫人　いつまでも、ティボルトの死んだのを泣いてるのねえ？ 一体お前、涙であの子を墓場から洗い出そうとでもいうつもり？ それに、かりに、洗い出せたとしたところで、まさか生き返らせることはできないじゃないの。だから、もうお止しなさいというの。適度《ほどほど》の悲しみなら、深い愛の表われともいえようけれど、過度の悲しみは、却って多少分別の足りぬ証拠というものよ。

ジュリエット　でも、今度の悲しみは格別よ、思う存分泣きたいの。

キャピュレット夫人　そりゃそれで悲しみだけは感じられようが、まさか悲しみの当人までが、帰るものでもあるまいに。

ジュリエット　いいえ、悲しみがひどければ、やっぱりあの人のこと、私は泣かずにいられませんわ。

キャピュレット夫人　ああ、それじゃお前のは、あの子の死んだのを泣くよりも、下手人のあの悪者が平気で生きている、それを怒って泣いてるのね。

ジュリエット　悪者って、お母様？

キャピュレット夫人　言わずと知れたあの悪者、ロミオですよ。

ジュリエット　〔傍白〕悪者とロミオ様と、それこそ雪と炭ほどの違いだわ――でも、神様、あの方にはどうぞお赦しを！ 私も赦します、心から。それでいてあの人ほど、私の心を悲しませる人はいない――

キャピュレット夫人　つまりはあの下手人の悪者めが、平気で生きてるからじゃないの？
ジュリエット　そうよ、お母様、*それも私のこの手の及ばないところにね。
ティボルトの怨み、これだけは私ひとりで晴らさせていただきたいわ！
キャピュレット夫人　大丈夫ですとも、きっと仇敵《かたき》はとってやりますよ。
だから、もう泣くのはおよし。ロミオの奴め。追放されて、
マンチュアにいるそうだが、早速そこのある男に使いを出しましょう。
そしてなにか、取っておきの毒薬、すぐとティボルトの
跡を追うようなのを、一服盛らせましょうよ。
すれば、きっとお前の心も満足というわけじゃないの。
ジュリエット　いいえ、私の心は、あのロミオ様の顔――
ええ、あの死顔を見るまでは、決して晴れっこないと思うわ。
可哀そうに私の胸は、*あの人のことでもう一ぱいなんですもの。
お母様、持ってってくれる人さえ見つけて下さるなら、
毒薬の方は、私が自分でこしらえるわ、飲むのと一緒に、
すぐと静かに眠ってしまうようなのを。
あああ、なんて口惜しい、情けないことなんだろう、
現在あの人の名が出ながら、傍へ行って、

死んだ従兄を思う私の愛情を、思う存分、下手人の彼奴《あいつ》の
身体にぶちまけてやることができないとは！
キャピュレット夫人　その薬さえお前にできるなら、人はお母様が見つけますとも。
でも、それよりか今日は、それは嬉しいお話を持って来たのよ。
ジュリエット　嬉しい、耳寄りだわ、ほんとにみじめなこんな時に。
ねえ、お母様、どんなお話なの？
キャピュレット夫人　ええ、ええ、ほんとにお前も幸福《しあわせ》よ、いいお父様を持って。
お父様はね、お前のその悲しみを忘れさせようとてね、
あなたも、それに私もほんとに思いがけなかったのだけれど、
急に、よい日をお選びになったのよ。
ジュリエット　あれまあ、お母様、だって、なんの日なのよ、それは？
キャピュレット夫人　それがね、お前、実はこの木曜日の朝早くね、
聖ペテロ様の教会で、お前と、あの男らしくて、気高い、
パリス伯爵の若様とをね、目出度く
結婚させようと、そうおっしゃるの。
ジュリエット　まあ、お母様、それこそ聖ペテロ様と、あの教会にかけて
申しますわ、私、結婚なんていやですわよ。なぜそんなにお急ぎなのかしら。

かんじん花婿とやらのそのパリス様から、
まだ求婚も受けてないうちに、もう結婚しなければならないなんて。
ねえ、お母様、お父様におっしゃって下さいませ、
私、結婚はいやでございますって。それに、本当に結婚するくらいなら、
私、はっきり申し上げるわ、パリス様とするよりは、お母様も御存じでしょうけれど、
私も大嫌いなあのロミオ、いっそあの人としますわよ。ひどいわ、これが嬉しい話だなんて！

キャピュレット夫人　ちょうどお父様がいらした。それは自分でおっしゃいよ。
あなたの口からそれを聞いて、なんとお思いになるか、見ていて御覧。

キャピュレットと乳母登場。

キャピュレット　日が沈めば、露が降りると、これはもう決まったことだが、
あの甥の日没《ひのいり》には、まるで土砂降りという為体《ていたらく》じゃないか。
これ、どうした、娘？　まるで噴水塔か、お前は？
なんだ、まだ泣いてるのか？　やむこと知らずの大雨か、これは？
そのちっぽけな身体一つで、まるで船と海と大風と、
三役兼帯の騒ぎじゃないか。まずその眼だ、

さしずめ海というところだろうが、絶えず涙で汐の満干《みちひ》だ。
次はお前のその身体、こいつは船かな、
八重の汐路を吹かれて行く。さて、あとは溜息が風と。
風は涙に荒れ、涙は風に狂い、
早く凪《な》ぎでも来なければ、嵐にもまれるお前の身が、
波に呑まれるのは目に見えている。なんだな、お前も！
命令《いいつ》けた話は、もうしてやったろうな？

キャピュレット夫人　致しました。でも、有難いが、お受けはできぬと申しますのよ。
馬鹿な子供、いっそお墓とでも夫婦になればよろしゅうございますよ！

キャピュレット　なに、なに？　もっとはっきり言ってくれ、わかるように言ってくれ。
なんだ！　いやだというのか？　有難いとは思わぬのか？
名誉だとは思わないのか？　こんな不束《ふつつか》な娘にな、あの立派なパリス殿が、
花婿になって下さるように、骨折ってやったのを、
これを身の幸福だとも思わぬのか？

ジュリエット　そりゃ名誉だとは思いませんが、有難いとは思ってますわ。
嫌なものを、名誉に思えとは御無理でしょうが、
有難いとは思いますわ、嫌なものでも御好意だとわかれば。

キャピュレット　おい、おい、なんという屁理窟だ！　なんだ、それは？
『名誉』だの、『有難い』だの、『有難くはない』だのと、
かと思えばまた、『名誉だなどとは思いません』だのと、
ふん、小生意気な！　有難いも、名誉でないもあるもんか！
その間に、手足の方の用意でもするがよい、木曜日にはな、
どうでもパリス殿と、聖ペテロ教会に行かせるから。
いやだといえば、簀《す》の子にのせてでも引きずって行ってやる。
おのれ、この病人面の青びょうたん、白蠟色の、
おひきずりめが！
キャピュレット夫人　まあ、なんてことを！　どうかなさいましたの、あなた？
ジュリエット　お父様、この通り、膝をついてお願いですのよ、
一言ですから、どうか我慢して聞いて下さいません？
キャピュレット　ええい、うるさい、この親不孝者のおひきずりめが！
よいか、言っておくが、木曜日には教会へ行くのだ。
いやなら、これから二度とわしの顔を見るな。
黙っておれ、口答えは無用、返事はいらぬ。
手先がムズムズするわ。たった一人子しか授からなかったのを、

お前と一緒に、神様にお怨み申したこともあったっけが、
今じゃ、こいつだけでも多過ぎるくらい、
こんな子供を持ったのも、みんな俺たちの因果というものだ。
死んじまえ、この碌でなしめが！

乳　母　あれまあ、お可哀そうに、お嬢様が！
そんなにお叱り遊ばしては、旦那様の方がお悪うございますよ。

キャピュレット　これはまたなんだと、お智慧の局？　黙っていなさい。
しゃべりたければ、そこらの金棒引きどもとでも、おしゃべりしてくるがよい。

乳　母　いいえ、なにも不為めを申し上げていますわけでは――

キャピュレット　ああ、一昨日《おととい》おいで。

乳　母　申し上げましては悪いのでございましょうか？

キャピュレット　つべこべと、うるさい、この阿呆めが！
お前のその賢《さか》しら口は、無駄口婆との酒飲み話にでも叩いてくるがよい、
ここには用はないのだから。

キャピュレット夫人　少し逆上《のぼ》せておいでじゃございません？

キャピュレット　そうとも、そのはず、気も狂おうわい。
夜も昼も、寝ても醒めても、仕事にも遊びにも、

一人でいようと人中であろうと、たえずわしの苦労は、
ただこの娘の結婚ということだけだった。ところが、
それが今どうだ、せっかく家柄も高い、領地も結構な、
若くて、人品があって、なんでも人の噂では、
才芸すべて兼ねそなわり、三国一は愚かなこと、
願うてもない婿殿を探して来てやれば、
木偶《でくのぼう》なら知らぬこと、この罰当たりの大阿呆めが、
せっかくぶら下がった幸運までを袖にして、
泣き面さげて言うことがどうだ、やれ『結婚はいや、
愛情が出ませぬ。まだ齢がいかぬで、赦してくれい、』だと。
だがな、それじゃいやならいやで、赦してやる。
どこなと勝手にほっつくがよい、家へ入れることはできんぞ。
ようく考えてみることだな、わしは冗談は言わぬ人間だ。
木曜日はもうすぐ。さ、胸に手を置いて、よく考えてみろ、
お前がわしの娘なら、わしはお前をあの伯爵にくれてやる、
もしもそうでないならば、飢えて、往来でのたれ死ぬのもよかろうし、
首を縊《くく》るなり、乞食するなり、勝手にしろ。

わしの方でも、決してわしの子だとはいうまいし、
わしの財産は鐚《びた》一文、お前のためには使わせないからな。
嘘は言わぬぞ、よく考えてみろ。決して取り消しはしないから。〔退場〕
ジュリエット　せめては雲の上からなりと、この悲しい心の底を
見ていて下さる慈悲の神様はいらっしゃらないのだろうか？
ああ、やさしいお母様、どうか私をお捨てにならないで。
この結婚を、せめて一月でも、一週間でも、延ばしてはいただけません？
もっともそれもいけないとなら、ねえ、あのティボルトの眠っている
暗い墓場を、私の晴れの新床にして下さらないこと？
キャピュレット夫人　なんにも言わないで頂戴、お母様も言わないから。
どうともお前の勝手におし。私ももうお前のお世話はしないから。
ジュリエット　あああ、神様！──ねえ、乳母、なんとか取り止めの工夫はないかしら？
だって、私の夫はまだこの世に生きているし、誓いは天国に届いている。
あの方が世を去って、天国からでもあの誓いを送り返して下さらない限り、
どうしてあれを、もう一度この世に取り戻すことができて？
この私の心を慰めておくれ、なにかいい智慧が貸してほしいの。
ああ、神様も情けない、私のようなこんな弱い者に、

なぜこんなに意地悪い策略《たくらみ》をなさるのだろう！
ねえ、乳母、どう？ なにか嬉しいような言葉はないの？
ねえ、力になって頂戴ったら。

乳母　そうそう、ございますとも。
あのね、ロミオ様は御追放、これはもう天地が倒《さかさま》になりましても、
お帰りになって、お嬢様をお引き取りにお見えになることはございますまい。
よしんばお出でになったところで、いずれそれはごくごく内密のこと。
ところで、そうした事情だと致しますと、
やはりお嬢様は、伯爵様にお嫁《かたづ》きなさる方がよかろうと存じます。
パリス様といえば、これはまたお美しい殿方！
あの方とお比べ申しましては、ロミオ様は雑巾同様、
それにパリス様のような、あの青い、綺麗な、活々としたお瞳、
空飛ぶ鷲だとても及ぶものではございません。
露、嘘偽りのない話、きっと今度のお嫁入りはお幸福でございますとも。
前のよりは、ずっとようございますもの。かりにそうでないとしましても、
前の旦那様は、もうおなくなりになったわけじゃございません？
生きておいで遊ばしても、御用に立たねば、これはもう死人も同然。

ジュリエット　そりゃ、乳母。お前本心で言ってるの？
乳　母　ええ、ええ、魂までもかけまして。これが
万一偽りなら、心も魂も、地獄へ落ちてかまいません。
ジュリエット　そうねえ、ほんとに。
乳　母　ええ、何でござ*
います？
ジュリエット　いえ、なに、乳母がほんとにいいことを言ってくれたってことなのよ。
さ、行って、お母様に言って頂戴、お父様の御機嫌を損じたから、
私はロレンス上人様の庵室へ行って、懺悔をして、
罪のお赦しを受けに行ったと、そう言って頂戴ね。
乳　母　ええ、畏《かしこま》りました。それがおよろしゅうございます。〔退場〕
ジュリエット　罰当たりのあの老いぼれ婆！　ほんとに恐ろしい悪魔だわ！
こんなに私に、誓いを破らせようというのが罪か、それとも前には、
それこそ何千度と、あのロミオ様を途方もなくほめ上げたその舌で、
今度は散々に悪口するのが罪か、どっちがほんとに罪だろう？
ああ、もう往ってしまっておくれ、今までは相談相手だったけれど、
もうこれからは、お前と私の胸とは赤の他人よ。

上人様のところへ行って、なんとか救いの途を聞いて来よう。
なにもかも駄目になってしまっても、まだ死ぬことだけはできるわ。〔退場〕

第四幕

第一場——僧*ロレンスの庵室。

僧ロレンスとパリス登場。

僧ロレンス　木曜日だと仰《おつしや》ったな？　これはまたひどく急なことで。
パリス　舅キャピュレットがそう望みます上に、私としても、
別にそれを延ばすほど、急がないわけではありませんので。
僧ロレンス　だが、あなたはかんじん、姫の心をまだ知らないと仰せられたな。
それはどうも筋の通らぬ話、わしは感心しませんな。
パリス　なにしろティボルトの死を、あまりに激しくお泣きになるもので、
涙の家ではヴィーナス神も笑顔を見せぬとも申しますし、
実のところ愛の話はほとんどできなかったのです。
舅キャピュレットも、そんなわけで、こう悲しみに
負けてばかりいては、危険だとお考えになり、

そこは賢明に、姫の溢れる涙を堰く意味もあって、
俄かに結婚を急がれたようなわけなのです。
一人で思いつめていては、限りがないものですが、
せめて話相手でもあれば、紛れることもあるものですからね。
さあ、お急ぎになる理由はおわかりになったと思いますが。

僧ロレンス　〔傍白〕わしはまた、それを遅らせなければならぬ理由《わけ》を知っているのだ！
おお、ちょうど姫がこちらへやって見える。

ジュリエット登場。

パリス　いいところでお目にかかりました、お嬢様、そして私のいとしい妻！
ジュリエット　さあ、私が奥様になれば、そうかもしれませんがねえ。
パリス　その『かもしれません』が、この木曜日には、『必ず』になるのです。
ジュリエット　『必ず』と仰るのなら、それはきっとなりましょうねえ。
僧ロレンス　これは確かに名言じゃ。
パリス　神父様に、懺悔にお見えになったのですか？
ジュリエット　そのお返事を申し上げれば、あなたに*懺悔することになりません？
パリス　私を愛していて下さること、それをこちらにはお隠しにならないで下さい。

ジュリエット　じゃ、あなたに打ち明けて申しますが、私、あの方を愛しています。

パリス　それじゃ、きっと私を愛していて下さるということも。

ジュリエット　だから、それを言うとすれば、あなたの眼の前でいうよりは、そっと蔭で申し上げた方が、余計値打ちがあるんじゃございません？

パリス　お気の毒に、あなたのお顔は、涙ですっかりくずれている。

ジュリエット　でも、そのことならば、涙はあんまり威張れませんわ。涙でくずれない前からだって、もともと悪い顔なんですもの。

パリス　それはまたひどいお言葉、涙よりもひどい。お顔が泣きましょう。

ジュリエット　いいえ、本当を言うのは、それは悪口になりませんわ。私の今の言葉は、面と向かって自分の顔に言ったことですもの。

パリス　でも、あなたのお顔は私のもの、その悪口を言ったわけですよ。

ジュリエット　かもしれませんわねえ、*ないといえば、私のものではない。神父様、今お暇でいらっしゃいます？　それとも、晩のおミサの時にお伺い致しましょうかしら？

僧ロレンス　なにか御心配のようだが、お嬢様、わしも今ちょうど手が空いている。パリス殿、ちょっとこちら二人限《き》りで話をしたいのだが。

パリス　むろんお勤めのお邪魔をするつもりはございません。

ジュリエット姫、木曜日には朝早く起しに伺いますから、
では、それまで御機嫌よう。そしてこの聖い接吻を忘れないでいて下さい。〔退場〕

ジュリエット　ああ、扉を閉めて下さいませ！　そして、戸を閉めて下さったら、
さ、私と一緒に泣いていただきたいの。もう駄目、望みもなければ、手段《てだて》もない！

僧ロレンス　ジュリエット姫、そなたの悲しみはもうちゃんと知っている。
わしもいろいろ考えてみたが、どうにもわしの智慧には及ばぬ。
この木曜日には、どうでもあの伯爵と結婚しなければならぬ。
なんとも延ばす手はないということだな。

ジュリエット　ですから、なんとかそれがやめになる工夫、それを教えて
いただけないくらいなら、この話聞いたなどとは、仰らないで下さいませ。
もし神父様のお智慧ででも、どうにもならぬということならば、
どうぞ私の決心をよい分別と仰って下さいませ、
さすれば、この懐剣で、今にも私は片をつけてみせますわ。
私の心はロミオ様のお心に、これは神様がお合わせ下さいますし、
手は手で、神父様、あなたがお合わせ下さいましたのに、
その同じ手、あなたのお蔭でロミオ様に差し上げましたこの手が、
かりにも別の証文の保証の印になったり、同じ真実《まこと》のこの心が、

かりにも他に靡《なび》くくらいなら、手も心もこの懐剣が始末をいたします。
ですから、神父様、あなたの長い御経験で、すぐにも、
なにかお智慧を下さいませ、でなければ、これ、この通り、
追いつめられたこの苦境を裁く役目は、この懐剣。
どうやら神父様のお年の功でも、お腕でも、
まともな解決はございませんでしたこの難題を、
見事に裁いてお目にかけますわ。早くなんとか仰って。
そのお言葉からも、もしや解決が出ませんようならば、
私はいっそ死んでしまいたいほど。
僧ロレンス　ちょっと失礼。希望は一つ、ないでもない。
もっともそれは実行となると、余程思い切った決心が要る、
今もお止めしたいと思っていた、まずそのことと同じ決心が要る。
だが、もしパリス伯爵と結婚するくらいなら、
自殺してもよいというほど、そんな強い意志がおありなら、
すれば、この恥辱を追い払うためだ、死にも等しいこの決心も、
あるいはやってみようと思われるかもしれぬ。
逃れたい一心には、死とさえ取り組もうというそなただからな。

もしやってみるおつもりなら、手段《てだて》は私がお教えする。

ジュリエット　パリスと結婚するくらいなら、あの向うのお城の胸壁から
跳んでみよとでも、追剝の出る道を行けとでも、
さては蛇のすむ叢《くさむら》に隠れていよとでも、仰って御覧なさいませ、
あるいは吼《ほ》え猛る熊と一緒に繋がれましょうと、夜、身体の上は一面に、
ガラガラと鳴る人骨や、臭気鼻をつく脛骨や、
黄色くなった顎なしの頭蓋骨などに埋もれて、
*納骨堂に監禁されましょうと、それともまた、
出来たばかりの新墓に降り立って、死人と一緒に、
経帷子《かたびら》の中に隠れよと、仰って下すってもようございますわ。
みんな、今までなら、聞くだけでも震え上がったことですけれど、
でも、今はもう決して怖いとも、不安だとも思いません、
ただ、あのロミオ様の妻として、操を立て通すことさえできますなら。

僧ロレンス　では、よろしい。家へ帰って、嬉しそうな顔をして、
パリスとの結婚を承知なさるがよい。明日は水曜日だ。
それで明日の晩は、一人で寝《やす》むようになさるのだ、いいかな。
決して乳母を、同じ部屋に寝かせてはなりませんぞ。

それから寝る時には、この瓶を持って行かれてな、
中の薬液を、すっかりお飲みになるがよい。
とたちまちそなたの血管中を、冷たい眠いものが駆けめぐってな、
平常《ふだん》の脈搏は動かなくなって、止まってしまう。
体温もない、呼吸もない、生きた兆しは少しもない。
唇や頰のバラ色も、すっかり血の気のない
灰色に変り、ちょうど死の手が生命の光を
閉め出すように、眼《まなこ》の窓も自然に閉じる。
手も足もすべて、しなやかな動きは失われ、
硬く、つめたく、こわばって、まるで
死人同様に見えてくる。そしてこのあわれな
仮死の状態が、四十二時間つづくとだな、
まるで快い眠りからでも覚めるように、
自然に蘇《よみがえ》ることになる。さて、そこで朝になって、
花婿殿が起しに見えてもだな、
そなたは死んでいるというわけ、
すれば、この国の習慣としてだ、

そなたは晴れ着に飾られて、顔はことさら見せたまま、
先祖代々キャピュレット家の人たちの眠る、
あの古い墓所へ、柩車で送られて行くのだ。
むろんその間には、そなたの眼覚める前もって、
われらの意向は手紙でロミオに知らせておき、
ここへ来させるようにしよう。そしてそなたの覚めるのを、
あれとわしとで待っており、その晩すぐとその足で、
ロミオと一緒にマンチュアへ発たせて進ぜるからな。
さすれば、今度のそなたの恥辱は免れる道理。
ゆめゆめ下らぬ気紛れや、女々しい女の気臆《きおく》れから、
かんじんの場合になって、勇気を失ってはなりませんぞ。

ジュリエット　では、さあ、早くいただかせて！　気臆れなどと、飛んでもない！

僧ロレンス　ああ、分った。行ってよろしい、しっかりと、
そして上手《うま》くやるのですぞ。ロミオには、わしの手紙を
持たせて、すぐに使をマンチュアへ出してあげよう。

ジュリエット　恋よ、どうぞ私に強い心をおくれ！　強い心さえあれば、
あとは手段《てだて》はどうともなる。神父様、では御機嫌よう！　〔両人退場〕

第二場――*キャピュレット家の広間。

〔キャピュレット、キャピュレット夫人、乳母、召使二人登場〕

キャピュレット　ここに書いてあるお客様、これだけをお呼びするのだ。〔召使一、退場〕おい、お前は行って、うんと腕っこきの料理人を雇って来い。

召使二　拙い奴なんぞ、連れてくるもんじゃございません。指が嘗められるかどうか、試してからに致しますからね。

キャピュレット　だが、そんなことでどうして試験になるのだ？

召使二　だって、旦那、*指を嘗《な》めぬはコックでねえって、昔から言うじゃございませんか。だからね、指の嘗められねえような料理人は、決して連れて来や致しません。

キャピュレット　よし、では行って来い。〔召使二、退場〕

今度はどうも準備がひどく悪いようだな。

そうそう、娘はロレンス上人のところへ行ったっけな？

乳母　はい、お出かけになりました。

キャピュレット　結構、なんとか少しは言い聴かせてくれるかもしれん。いやはや、我儘な、まるで子供だ、あいつも。

乳　母　御覧なさいませ、懺悔からお戻りでございます、なにか嬉しそうなお顔付で。

ジュリエット登場。

キャピュレット　これこれ、どうした、強情ッ張り奴が？　何処をうろついていたのだ？

ジュリエット　お父様のお命令《いいつけ》に背いたり、私ほんとにいけませんでしたわ、
今教わってまいったばかりなんでございますの。そして、
ロレンス上人様のお諭しは、今すぐにこの通り、
お父様の脚許にひれ伏して、お許しをお願いしなさいと申されました。
どうかお許し下さいませ、お父様！
これからはもう、お父様のお命令どおりに致しますから。

キャピュレット　では、伯爵のところへ使いをやって、*早速明朝にも、
この結婚の固めをしてしまいたいと、そう伝えさせなさい。

ジュリエット　伯爵様には、上人様の庵室でお目にかかりました。
そして、娘として嗜みを越えません限りでは、
できるだけ心の真実《まこと》をお見せしたつもりでございます。

キャピュレット　おお、それはよかった。結構、結構。さあ、立って。
そうなくてはならないのだ。一つわしも伯爵に会っておきたいが、

そうだ、お前、往って、ここへお連れ申すのだな。
どうも、まことにはや、あの上人殿には、
わが市《まち》こぞって、感謝しなければならぬわけだ。

ジュリエット　乳母、私の部屋まで一緒に来ておくれ。
明日身に着ける要用《いりよう》の装飾物《かざり》をね、お前も手伝って、
よいと思うのを選んでほしいの。

キャピュレット夫人　いいえ、それは木曜日で沢山、まだいくらでも間はありますから。*

キャピュレット　いや、乳母、一緒に行ってやってくれ。明日は教会行きがあるからな。
〔ジュリエットと乳母退場〕*

キャピュレット夫人　でも、私たちもう準備の時がありませんわよ。
もうすぐ日が暮れますもの。

キャピュレット　なに、わしが駆けずりまわるさ。
大丈夫、万事きっと巧くゆく、見ていなさい。
お前はジュリエットのところへ行って、着付けの手伝いでもしてやりなさい。
わしは今夜は寝ないつもり。わしのことは放っておいておくれ。
今度だけは、わしが主婦代りだ。おーい、こら！
みんな出て行ってしまったと見える。ようし、伯爵のところへは、

わしが自身出向いて行って、明日の準備をさせることにしよう。わしも今日は実に嬉しい。とにかくあの我儘娘が、すっかり心を改めてくれたのだからな。〔両人退場〕

第三場――ジュリエットの部屋。*

ジュリエットと乳母登場。

ジュリエット　ええ、その着物、それが一番いいわ。でも、ねえ、乳母、お願いだから、今夜は私一人ッ限《き》りにしておいてね。だって、私ったら、乳母もよく知ってるように、心のねじけた、本当に罪の深い女でしょう、だから、神様のお赦しをお願いするために、いろいろお祈りをしなきゃいけないと思うの。

キャピュレット夫人登場。

キャピュレット夫人　どう、忙しいんじゃない？　手を貸しましょうか？

ジュリエット　いいえ、お母様、明日の式に要用なものは、もうみんな選り出してしまいました。だからね、お母様、どうか私一人限りにさせておいて下さらない？
乳母《ばあや》は、今夜はお母様の方でお使いになって、
だって、なにしろこの通りの急な話でしょう、
お母様の方だって、きっともう手一杯だと思うわ。

キャピュレット夫人　じゃ、お休み、
床へ入って、ゆっくりとお休みね。休まなくちゃ駄目ですよ。〔キャピュレット夫人と乳母退場〕

ジュリエット　御機嫌よう！　今度は、いつまた逢えるやら！

冷い、気も遠くなるような不安が、血管中をかけめぐって、
まるで生命の熱まで凍らせてしまうような気持ちがする。

もう一度お母様たちに来ていただいて、力づけの言葉をいただこうかしら。

乳母！　といって、今ここで乳母に、何をしてもらうつもり？　この怖ろしい一場、
それはなんとしても、私の独り舞台で勤めなきゃならないはずじゃないの。

さあ、お出で、私の瓶！

でも、もしこの薬の効力《ききめ》がなかったらどうしよう？

すれば、明日の朝はどうでも結婚ということかしら？

いえ、いえ、そうはこれがさせぬ。お前はそこにおいで。〔懐剣を取り出し、下へ置く〕

もっとも、万一もしこの薬が、毒薬であったらどうしよう？

つまり上人様が、私とロミオ様とを先に婚礼させたため、
もしかして今度の結婚で、その落度が露われようかとの懸念から、
いっそ私を殺してしまおうという、もし謀計《たくらみ》の毒薬だったとしたならば？
本当にそうかもしれぬ。いえ、でも、やっぱりそんなはずはない、
だって、上人様といえば、心の正しい聖者様と決まっているはず。
それにしても、もしこのまま墓の中に臥《ね》かせられて、
ロミオ様が助けに来て下さる、もしその前にでも、
眼が覚めたらばどうしよう？　それを思うと怖ろしい！
墓場の不浄なあの口の中へは、清い空気は通わぬという、
その墓の中で呼吸《いき》がつまり、ロミオ様のお見えになった時には、
窒息して、死んでしまっているのではないかしら？
それとも、かりに生命はあったにしても、死と夜との怖ろしい思い、
かてて加えて処が処、――とにかく古い墓城《おくつき》といえば、
何百年というもの、先祖代々の骨がつまっているばかりか、
ついこの間埋められたばかりのティボルトまで、
血だらけのまま、墓衣《はかぎ》の中で腐れかかっているはず、
そればかりではない、なんでも人の話では、

夜中、ある刻限になると、それは亡霊どもの集まってくる
場所だともいう——ああ、どうしよう、怖ろしい!
万が一にも、目が覚めるのが早すぎたら、一つにはたまらない悪臭と、
二つには、あの土から根こぎにされる*曼陀羅華《まんだらげ》の悲鳴、
それを耳にした人間は、そのまま狂気になるということだが、
それにも似た叫びとで、ああ、もし目でも覚めようなら、
周囲《まわり》はすっかりそうした恐怖に取り巻かれて、
私もそのまま、心狂ってしまうのではないかしら?
狂ったままに、御先祖様たちの骨を玩具にしてみたり、
かと思えば、斬られたティボルトの遺骸を墓衣から引きずり出す、
その上狂乱のあまりには、だれか遠い御先祖様の骨などを、
まるで棍棒代りにして、われとわが手で
この脳天を、たたき割ってしまわないとも限らない。
おお、そういえば、あれ、あそこにティボルトの怨霊が、
一太刀刺したロミオ様を求めて、うろついている!
ああ、待って、ティボルト、待ってったら!
ロミオ様、私も一緒に! さあ、あなたのためよ、この薬も。〔薬を飲み干し、寝台に倒れ伏す〕

第四場――キャピュレット家の広間。*

キャピュレット夫人と乳母登場。

キャピュレット夫人　乳母、この鍵を持って行って、お薬味をもっと持って来ておくれ。

乳母　お台所の方では、ナツメとカリンが要用《いりよう》だと申しております。

キャピュレット登場。

キャピュレット　さあ、さあ、働いた！　働いた！　二番鶏も鳴いたし、明けの鐘も鳴った。もう三時だぞ。これ、アンジェリカ*、パイの方の用意はよいな。費用など構うものでない。

乳母　やれまあ、おせっかいな旦那様、さあ、さあ、お寝みなさいませ。こんなに夜明かしなどなすって、本当に、明日身体にお障りになりますわよ。

キャピュレット　なんの、馬鹿を申せ。夜明かしくらい、いくらでもしたことがある、もっと下らん用でな、それでも何ともない。

キャピュレット夫人　そうですとも、お若い時は、ずいぶんと猫好きでいらっしゃいました。*
でも、もう二度とそんな夜明かしは、おさせ致しませんからね、ちゃんと私が目を光らせて。
〔キャピュレット夫人と乳母退場〕

キャピュレット　やれやれ、妬きもち、妬きもち！

召使三四人、焼串、薪、籠などを持って登場。

おい、おい、
何だ、それは？

召使一　いえ、コックが要用《いりよう》だと申しますんで、私は何だか一向存じませんが。

キャピュレット　急いだ、急いだ。〔召使一、退場〕こら、もっと乾いた薪を持って来い。
ピーターを呼べ、場所はあいつが知っている。

召使二　これでも、旦那様、薪をめっけるくらいの頭はございますでな、
これしきのことで、ピーターのお世話になるもんじゃございません。〔退場〕

キャピュレット　成程、吐《ぬか》しおったな、こいつ。面白い奴だ、うむ。
その頭、薪割りくらいはつとまるぞ。おっと大変、夜が明けた。
すぐと伯爵殿がお見えだぞ、楽隊づれでの御入来だ。
なんでもそんな話だったっけ。そういえば、あれ、あの音はもうそこだ。〔奥で音楽〕

乳母！　それから、おい、お前もだ！　どうした、乳母というに！

乳母再び登場。

早くジュリエットを起して。そして着換えだ、着換えだ。パリス殿の話相手はわしがする。さあ、大急ぎ、大急ぎ。とっくに花婿殿は御到来だぞ。急いだというのに。〔退場〕

第五場――ジュリエット*の部屋。

乳母登場。

乳　母　お嬢様！　もし、お嬢様！　ジュリエット様！　よくまあお寝みだこと。もし、小羊様！　もし、お姫《ひい》様！　チェッ、なんてお寝坊さんだろう、この人は。もし、お嬢様ってば！　お姫《ひい》様！　いとしいお方！　もし、ねえ、花嫁様！　これはまた、ウンともスンとも仰《おつしや》らぬ。ええ、ええ、ちっとでもお寝みなさいませ。一週間分でもお寝溜めなさるがよい。それもそのはず、いずれ今夜になれば、伯爵様が大張り切り、お嬢様もお寝みどころの騒ぎじゃございますまいとも。

おっと失礼、それにしても、ほんにまあよくお寝みだこと！
でも、なんとしてもこれはお起しせねばならぬ。お嬢様！　お嬢様！
そうそう、いっそ伯爵様をお呼びして、寝床で抱いておもらいになるがよい、
すれば、驚いてお眼覚めになるにきまっている。きっとそうに違いない。〔寝所の帳を開く〕
あれまあ、晴れ着のまんま！　着付けまで遊ばして！
あれ、またお寝みになる！　いいえ、どうでもお起し致しますぞよ。
お姫《ひい》様！　お姫様！　お姫様！　あれッ！　大変、だれか来て！
お嬢様がお歿《な》くなりでございます！　ああ、
なんということじゃ、こんな情ない目を見ようとは！
早く、気付け薬のお酒を！　旦那様！　奥様！

キャピュレット夫人登場。

キャピュレット夫人　何ですの、騒ぎは？
乳　母　おお、なんという悲しいことが！
キャピュレット夫人　どうしたっていうの？
乳　母　あれを、あれを御覧下さいませ！　ああ、情ない！
キャピュレット夫人　あらまあ、どうしましょう！　姫や、ジュリエットや！

生きておくれ、眼を開けておくれ！ でないと、お母様も一緒に死んでしまう！
大変です、だれか来ておくれ！ お前もお呼び！

キャピュレット登場。

キャピュレット なんということだ、早く姫をよこさぬか、花婿殿は御到着だぞ。

乳母 お嬢様がお歿くなり、お歿くなりになりました。ああ、情ない！

キャピュレット夫人 ああ、悲しや、娘は死にました、死にました、死にました！

キャピュレット なに！ わしに見せろ！ なんとしたことだ、冷くなっているではないか。血は滞り、節々ももう硬ばっている。この唇からは、もうとっくに生命は離れてしまったと見える。死の下に眠るあの死顔、広い野辺でも、一輪一きわ目立つ芳しい花の上に、時ならぬ霜が置いたとでもいいたい風情だ。

乳母 ああ、悲しや、悲しや！

キャピュレット夫人 あああ、情ない！

キャピュレット 娘を奪った死神め、こんなにも悲しい目にあわせておきながら、あまつさえ舌まで縛って、わしに口も利かせまいという気なのだ。

僧ロレンスとパリス登場。

僧ロレンス　さあさ、花嫁殿、教会行きの支度は整いましたかな？

キャピュレット　それが、首途《かどで》の支度は整うたが、ただ二度と帰らぬ旅路なのです。
おお、婿殿、時もあるに晴れの婚礼のその前夜、そなたの花嫁の添臥を、
死神奴がつとめてしまいました。御覧なさい、あの通り、
花の姿をそのままに、死神の手に摘まれてしまったのです。
今では死神奴が娘婿、わしの世嗣になってしまいましたわい。
娘には死神奴が婿入りして、わしが死ねば、
一切は奴のもの。生命も財産も、悉く死神の有に帰する始末です。

パリス　私はまた今朝の訪れを、あんなにも待ちわびていましたのに、
今、目のあたり見るものは、なんとこんな有様なのでしょうか？

キャピュレット　なんという呪わしい、みじめな、不幸な、憎らしい今日という日だ！
限りない時の廻りの中にあってさえ、これはまた余りにも悲しい一時！
可哀そうに、可哀そうに、たった一人きりのいとしいあの娘、
喜びにも、慰めにも、たった一粒種であったあの娘、
それを、あの酷たらしい死神奴の手が、

永久に見えぬ世界へと引き攫っていってしまいました！
乳　母　あああ、悲しや！　悲しや、悲しや、悲しやなァ！
このような悲しい日、このような情ない日は、
乳母もまだついぞ存じませんわいなァ！
今日というこの日、この日、この日！　なんという憎らしい日！
こんな呪わしい悪日が、またと一日ございましょうかいな！
あああ、悲しやな、悲しやな！
パリス　欺され、裂かれ、辱しめられ、憎まれて、そして殺されてしまった！
おのれ、酷《むご》たらしい、憎いとも憎い死神奴、
貴様に欺され、貴様に滅されてしまったのだ！
おお、恋人よ！　生命よ！　いや、生命ではない、死につかまれたいとしい人！
キャピュレット　さげすまれ、苦しめられ、憎まれ、迫害され、そして殺されてしまったのだ！
情け知らぬ今日この日よ！　一体なに理由《わけ》あって、
殺しに来おったのだ、この晴れの祝いを台なしにしようとて？
ああ、娘、娘！　いや、娘ではない、このわしの霊魂《たましい》だが、
お前はこの通り死んでしまった。ああ、娘は死んだ、
そして娘と一緒に、わしの喜びも埋もれてしまったのだ！

僧ロレンス　なんです、まあ、まあ、静かに！　いくらそのように騒いだとて、
騒ぎの原因《もと》が生き返るわけではない。そもそもこのお美しい娘御は、
天とあなたとの、いわば共有物であったのだ。それが今すっかり
天の所有《もちもの》になったというだけのこと、娘御には却ってお幸福というくらい。
娘御の中のあなたの持ち分というものは、これはなんとしても
死の手を免れるわけにはゆかぬものだが、天の持ち分の方は、
これはもう限りない生命の中に生きている。元来、あなたのお望みは、
一にお娘御の出世にあった。それがいわばあなたの天国だったのだが、
それにしては今その娘御が、天国も天国、遙かに雲を越えて、
昇ってゆかれるのを見て、一体何をお泣きになる？
そもそもこうした愛情は、決して本当の可愛がり方ではござらぬぞ、
だからこそ、娘御の真《まこと》の平安を見ながら、取り乱しておられるのだ。
長い結婚生活を送る女が、まこと幸福な結婚とは決して申されぬ。
結婚して若く死ぬ女、この方が却って最上の結婚というもの。
さあさ、涙を拭いて、この美しい遺骸《なきがら》に
*マンネンロウの花なとお飾りなさい。そして世間の習慣通り、
晴れ着を着せて、教会へお送りになるのがよろしい。

とかく愚かな人情というものは、嘆けと人に命じましょうがな、
感情の涙は、理性からみれば、お笑い草というものじゃ。

キャピュレット　祝いの席にと命令《いいつ》けておいた一切の手筈は、
そのまま不吉な葬いの支度に変えてしまうがよい。
祝いの音楽は、寂しい弔いの鐘の音に、
そして婚礼の食卓は、そのまま悲しい葬いの宴に変るがよい。
厳かな讃美歌は、湿っぽい悲しみの歌に変れ、
そして新床を飾る花はすべて、遺骸を葬むる花に使え。
なにもかもみんな、逆様に変ってしまうのだ。

僧ロレンス　さあさ、奥へお入りなさい。奥様も御一緒にな。
それからパリス殿、あなたも行かれるがよい。さあ、みんな、
この美しい野辺送りの支度をなされるがよい。
いずれは何か科《とが》があっての、神のお怒りに相違ないのだ。
この上天意に逆らって、またしても怒りを招かれぬがよろしいぞ。

〔乳母一人を残して、キャピュレット夫妻、パリス、僧ロレンス等一同退場〕*

楽人たち登場。

楽人一　これじゃほんに、笛は仕舞って、お暇をするとしようか。
乳母　そうそう、皆さん、それじゃ仕舞ったり、仕舞ったり。御覧の通り、なんとも曲のない始末になりましたもんでねえ。
楽人一　いや、もう全く、曲ならいくらでも、作り直しも利くってもんですがねえ。

*ピーター登場。

ピーター　おっと、音楽屋さん、音楽屋さん、頼むぜ、『心ウキウキ、心ウキウキ』ってところをね。おい、俺に元気を出せってんならね、やっとくれ、一つ、『心ウキウキ』って、あいつをね。
楽人一　そりゃまた、何故に『心ウキウキ』が御所望なんで？
ピーター　おい、音楽屋さん、『心しみじみ』ってなァね、俺の心の方で、もうちゃんとやってらァね。だからよ、何か一つ愉快な奴をしんみりとね、俺の心を慰めてくれよ。
楽人一　しんみりってのは御免蒙《こうむ》りますがね、第一音楽なんぞやってる場合じゃござんすまい。
ピーター　それじゃァ、いやか？
楽人一　さよう、いやでござんす。
ピーター　なに、じゃ一つ、俺がガーンと打っつけてくれようか？
楽人一　何を打っつけて下さいます？

ピーター　どっこい、金じゃァないよ、悪口だよ。手前たち、乞食芸人とは、これはどうだ。
楽人一　それじゃ、旦那の方は三下奴の素寒貧と参りましょう。
ピーター　吐《ぬか》したな、それじゃァ、三下奴の小太刀でどうだ、貴様の脳天ガーンといこう。調子外れの駄洒落なんざ真平だ。ド＊、レ、ミ、ファ、ソのガンといこう。読めたか、どうだ？
楽人一　ド、レ、ミ、ファ、ソのガンと来るか、こいつは奇妙、調子が合ってますぜ。
楽人二　まあ、旦那、どうか業物だけはお納め下さいまし。その代りに、一つ頓智の方を出していただきたいもんで。
ピーター　そうか、そいじゃ一つ頓智で来い！　鉄の業物は納めるが、南蛮鉄のトンチキだ、土性骨叩きのめしてくれるから。男一匹なら返答しろ！
　むらぎもの心も千々に乱れ髪、
　雲晴れやらぬ妄執に、
　一曲《ふし》高き白銀の――
そもそも『白銀の』たァ何故だ？　『一曲高き白銀の』たァ何故だ？　さあ、さあ、返答いかに、糸ピン殿＊？
楽人一　なに、つまりなんでござんすよ、『そも白銀たァ音も妙に』って申しましてな。
ピーター　巧いぞ、こいつ！　じゃ、どうだ、弓八殿は？
楽人二　つまりでござんすねえ、『三筋よすぎも銀《かね》故に』ってなァどうでござんしょう？

ピーター　巧いぞ、こいつも！　じゃ、次はどうだ、琴柱《ことじ》殿！

楽人三　いや、手前はどうも、なんと申し上げましてよろしいやら。

ピーター　おっと、こいつは失礼、勘弁あれだ！　お手前は唄歌いでござったな。じゃ、代りには俺がいこう。そも『一曲高き白銀の』たァね、乞食芸人殿。お気の毒じゃが、黄金にはありつけませんぞっていうことさ。

一曲高き白銀の
調べに解くる憂き思い。〔歌いながら退場〕

楽人一　やれ、まあなんて小うるせえ野郎だ、あいつは！

楽人二　へん。くたばりやがれだ！　さあ、俺たちも奥へ行こうぜ。お葬い客の来るまでいて、精々御馳走のお相伴と行くこった。〔一同退場〕

第五幕

第一場――マンチュア。*街上。

ロミオ登場。

ロミオ　もし嬉しい夢占いが、そのまま信じられるものとすれば、
今日の夢はまさしく何かよい音信《おとずれ》の前兆に相違ない。
わが胸の主《あるじ》、恋の神は軽やかに王座に坐り、
今日は一日、いつにない嬉しい心のときめきに、
足もおちおち地に着かない様だった。
姫が来られると、この俺が死んでいる、なんでもそんな夢だった――
それにしても、死んだ者が物を考えるというのも奇態だが――
姫は、幾度となく俺の唇に接吻を重ね、生命の呼吸《いぶき》を吹きこんでくれた、
おかげで俺は蘇り、今度はすっかり帝王になったという夢だが。
ああ、恋の影だけでも、こんなに嬉しいものならば、

真《まこと》の恋の遂げられた喜び、それはもうどんなものだろうか！

バルサザー、長靴の旅姿で登場。

ヴェロナからの音信《たより》だ！　どうだ、バルサザー！
上人様からの手紙ではないのか？
姫はどうしておられる？　父上は御無事か？
いや、もう一度訊くが、ジュリエット姫はどうなのだ？
姫さえ無事でいられるなら、何一つ悪いことなどありようはないのだ。

バルサザー　では、お嬢様は御無事、何一つ悪いことなどございません。
つまり遺骸《なきがら》は、キャピュレット家のお墓に眠っていらっしゃいますし、
魂の方は、天使様たちと御一緒に暮らしておられます。
手前は、お嬢様が御一家の墓所に葬られるのを見届けまして、
すぐ大急ぎで、お知らせに参ったようなわけでございます。
こんな悪お音信《たより》を持って上がって、申し訳ございませんが、
若旦那様から仰せつかっておりました役目でございますので。

ロミオ　その通り、しかと間違いないな？　なら、運命よ、もう貴様など信ずるものか。
俺の宿は知っていような。インキと紙を取って来てくれ。

それから早馬を傭《やと》うのだ。俺は今夜発つ。
バルサザー　若旦那様、お願いでございます、短気をお起しになりませぬように。
ひどくお顔色が悪うて、ただならぬ御様子、何か怖ろしいことでも
起りそうな気が致します。
ロミオ　馬鹿な、とんだ見当違いだ。
俺のことは構うな、言いつけたことだけをするのだ。
ところで、上人様からの手紙はないのか？
バルサザー　はい、ございません。
ロミオ　よしよし。さあ、行って、
馬を傭っておけ。俺もすぐに行くから。〔バルサザー退場〕
おお、ジュリエット姫、今夜はきっとあなたと一緒に眠る。
ただ問題はその方法だ。破壊の悪魔め、流石に素早いな、
希望を失った男の胸に、早くも忍びこみおったか。
そういえば思い出した、あの薬屋、――
たしかこの辺りに住んでいたはず――ついこの間も、
ボロを着て、ゲジゲジ眉をしかめながら、
薬草を摘んでいるのを見かけたことがある。

頬はこけ落ち、鋭い貧苦に骨と皮ばかりにやつれていた。
乏しい店前《さき》には、海亀の甲、剝製の鰐、
そのほか異様な魚類の皮などがぶら下がり、
そして棚のあたりには、空箱や、青い土器類、
さては膀胱、カビだらけの種子類、
緒紐の使い残り、乾枯らびたバラの花の固めたのなどが、
ほんの申し訳ばかりに散らばっているだけで、
それだけが、洗いざらい店の一切という始末だった。
その貧相な有様を見ながら、俺は思った、
なんでもマンチュアでは、毒薬販売は死刑だということだが、
もしかりに今毒薬の必要が生じた場合には、
この貧乏親爺なら、きっと売ってくれるにちがいないと。
ああ、今にして思えば、今のこの必要の先触れでもあったのか！
とにかくなんとしても、あの貧乏親爺に売らせねばならぬ。
ええと、たしかこの家だった。
休みと見えて、店が閉っているな。
おーい、薬屋！

薬屋登場。

薬　屋　だれだな、そんな大きな声で？
ロミオ　ちょっとこっちへ来てくれ。貴様、金には困っているらしいな。
それ、ここに四十ダカットある。少しばかり毒薬をくれ。
飲めば、たちまち総身の血管をかけめぐり、
いってみれば、あの発火した火薬の塊りが、
瞬く間に大砲の胴中から飛び出してゆく、あんな風にだ、
生に倦み果てたこの俺の体内から、一気に
生命の呼吸《いぶき》を吹き飛ばして、殺してくれる、
そうしたテキメン即効の毒薬が一服欲しいのだ。
薬　屋　いかにも、そうした毒薬も持ち合わせてはおりますが、
なにぶんマンチュアの法律《おきて》では、売れば死刑になりますので。
ロミオ　見れば、それほど貧苦にさいなまれていて、貴様、
まだ死ぬのが怖いのか！　貴様のその頬には飢え、
眼には窮迫が、かつえかかっており、背にはまた
侮蔑と困窮がぶら下がっているではないか。

世間も、世間の法律も、どちらも貴様の味方ではない。
貴様を金持ちにしてくれるような、そんな法律を、
どこの世間が作ってくれる。貧するには及ばぬ。法を破って、これを取れ。

薬　屋　それではな、私の心ではのうて、貧苦奴が頂戴いたします。

ロミオ　そう、俺も貴様の心にやるのではない、貧苦にやるのだ。

薬　屋　では、こいつをな、なんでもお好きな飲み物にお落しなさいませ、
そしてグッと一口にお飲みになる。すれば、旦那がよし二十人力であろうと、
即座に往生はテキメンでございます。

ロミオ　さあ、それでは金だ。考えてみれば、人の心には怖ろしい猛毒、
貴様が売れぬという、このケチな毒薬などよりは、この呪わしい世間で、
いくらたくさんの人殺しを犯しているかしれない金だ。
毒を売ったのはこの俺の方で、貴様は毒など売りはしない。
さようなら。食べ物でも買って、少しは肉をつけるがよい。
さあ、毒薬、いや、そうでない、むしろ気つけ薬ともいうべきお前、
俺と一緒に姫の墓まで行ってくれ、そこでぜひとも用があるのだ。〔両人退場〕

第二場——僧ロレンスの庵室。*

僧ジョン　フランシス派のロレンス殿！　もしもし、御僧！

僧ロレンス登場。

僧ロレンス　そういう声はジョン殿の声だな。
これは御苦労、マンチュアからして。どうだった、ロミオの返事は？
それとも手紙になっているなら、早く見せてくれ。

僧ジョン　ところが、実は道連れを一人ほしいと思いましてね、
ちょうど同門のさる托鉢《たくはつ》僧が、この市の病人見舞いに来合わせていましたのを、
探ねあてたまではいいのですが、あいにく町の検疫官どもが、
われわれ二人を、怖ろしい伝染病患者の出た家に
居合わせたという疑いで、戸口は封印するし、
一切外出を禁止してしまったのです。そんなわけで、
かんじんのマンチュア行きが、すっかりおくれてしまったのです。

僧ロレンス　じゃ、私の手紙は、だれがロミオに届けてくれた？

僧ジョン　さ、それがどうにも出来ないし、——だから、ここに持ってますが——

といって、だれもみんな伝染を怖がるものですから、
こちらにお返しするにも、使いがないというわけで。
僧ロレンス　なんという不運だ！　まことの話、あの手紙はな、
ただかりそめの手紙ではない、それこそ大変な用件が、
書いてあったのだ。あれをそのまま捨てておかれては、
これは飛んだ大事が起るかもしれぬ。ジョン殿、
さあ、すぐに行って、カナテコを一つ、大急ぎで
私の庵へ届けてもらいたいな。
僧ジョン　それじゃ行って、持ってまいりましょう。〔退場〕
僧ロレンス　では、わしは一人で、墓場へ行ってみなければならぬ。
ここ三時間内には、ジュリエット姫が眼を覚まされるはず、
もしこのことが、ロミオに知らせてないとわかったら、
さぞかし姫はわしを責められよう。とにかくもう一度、マンチュア宛てに
手紙を出し、ロミオが来るまで、姫はわしの庵室に預るとしよう。
可哀そうに、死人の墓に入れられて、生きた屍というわけだ！　〔退場〕

第三場——キャピュレット家の墓所のある墓場。*

パリス、侍童に花束と炬火とを持たせて登場。

パリス　おい、その炬火《たいまつ》をよこせ。お前はあっちへ行っておれ。
いや、やっぱり炬火は消すがよい。人に見られたくないからな。
あの向うのイチイの樹立の蔭、あそこに横になって、
この凹みの地面にピッタリ耳をつけているのだ。
墓を掘り起したあとで、土は弛み、軟らかくなっているようだから、
墓場を歩く者があれば、お前の耳に、足音が
聞えないはずはない。聞えたら口笛を吹くのだ、
だれか来るらしいという合図にな。
その花束をよこせ、言いつけた通りにするのだ。さあ行け。
侍童　〔傍白〕こんな墓場にたった一人、どうも怖くて
たまらないのだが、仕方がない、やってみよう。〔蔭に隠れる〕
パリス　花の処女よ、あなたの新床に花を撒いてあげよう——
おお、可哀そうに、これは土と石との天蓋ではないか——

せめて私でもが、夜毎香《かぐわ》しい水を注いであげようし、
それもなければ、嘆きにしぼる涙の露なりともね。
あなたに捧げる私の手向けは、こうして夜毎、
あなたの墓に花を撒き、そして泣くことなのだ。

侍童、口笛を吹く。

だれか来るらしいぞ、子供が合図をしている。
忌々しい、何者だ、今夜こんなところへウカウカと出て来て、
私の手向け、心尽し回向を邪魔しようという奴は？
うむ、炬火など持って！　——夜の闇よ、しばらく私を包んでいてくれ。〔蔭に隠れる〕

ロミオとバルサザー、炬火、ツルハシ、カナテコなどを携えて登場。

ロミオ　そのツルハシとカナテコをよこせ。
待て、それからこの手紙を持って行って、
明日朝はやく、きっと父上にお渡しするのだぞ。
明りをくれ。それから堅く申しつけるが、
どんな物音がしようと、何事を見ようと、

知らぬ顔で、決して俺のすることに手出しをするでないぞ。
今、俺はこの奥城《おくつき》へ降りてゆくが、
それは一つにはジュリエット姫の顔を見るため、
だがもっと大事な用事は、姫の指から、貴い指輪を
抜き取って来ようというのだ。俺はそれを、
ある大事な用に使いたいと思っている。だから、
お前はあっちへ行け、もし疑心など起して立ち戻り、
これ以上、俺のすることを窺ったりしようなら、
それこそ神かけて、貴様は八つ裂きだぞ、
そしてこの飢えた墓場一面に、貴様の五体をバラ撒いてくれる。
時刻もまさに魔の深夜、俺の心も荒れすさび、
飢えた虎、狂う大海原よりも、残忍、兇暴になっているからな。
バルサザー　では、お暇致します。決してお邪魔は致しません。
ロミオ　それでこそ忠僕というものだ。これをやる、〔金を渡す〕
たっしゃで暮らせ。じゃ、さようなら。
バルサザー　〔傍白〕ああは仰ったが、どこかこの辺りに隠れていよう。
どうもただのお顔色ではない、何をなさるかが気懸りだ。〔蔭に隠れる〕

ロミオ　汝、この忌わしい胃の腑奴、死を孕む母胎《こぶくろ》奴、
世にも貴い珍味を散々に貪り食《く》らいおったが、
今こそ貴様の、その腐れ果てた顎《おとがい》をこじ開けて、
その面当てには、もっともっと餌食を詰めこんでくれるぞ。〔墓を開く〕
パリス　たしかに今のは追放の身のモンタギュー、
わが恋人の従兄を殺し、おそらくはその悲しみに、
美しいジュリエット姫の生命まで縮めさせたという、
傲慢無礼のロミオ奴だ。今また遺骸にまでも、
何か悪行を加えに来おったな。引っ捕えてくれよう。〔進み出ながら〕
やい、モンタギューの悪党奴、神を畏れぬ所行をやめろ！
殺した上に、なおまだ復讐を加えようというのか？
罰当たりの悪党奴、引っ捕えてくれるぞ。
黙って俺について来い、生かしてはおけん奴だ。
ロミオ　いかにも生きてはおれぬ身、だからこそここへ来たのだ。
君も若い立派な男だ、絶望に狂った人間を怒らすのはよし給え。
早くどこかへ行って、僕のことは構わんでおいてくれ給え。
この死人たちのことを考えて、少しは怖さを知るがよい。

お願いだ、僕をわざわざ怒らせて、この上さらに
罪を重ねさせないでくれ給え。おい、往ってくれというのに
誓っていうが、僕は僕自身よりも君を愛している。
ここへ来たのは、われと自分を殺す決心で来ているのだ。
グズグズしないで往ってくれ、生命永らえて、
後でこう言うがよい、狂人の情けで逃げろと言われたとね。

パリス　そんな願いを、だれが肯く奴があるか、
重罪人として、今ここで引っ捕えてやる。

ロミオ　刃向かう気か？　それじゃ、小僧、行くぞ！〔両人闘う〕

侍童　これはいかん、果し合いだ！　夜番の者を呼んで来よう。〔退場〕

パリス　ああ、やられた！〔倒れる〕　おい、情けがあるなら、
墓を開いて、ジュリエット姫と一緒に葬ってくれ。〔息絶える〕

ロミオ　よし、引き受けたぞ。だが、一つ顔を見てやろう。
マキューシオの身内、パリス伯爵ではないか！
馬で来る途中、心乱れて、しかとは聞かなかったが、
バルサザーの奴め、何と言ったっけかな？　たしか、
パリスとジュリエット姫との婚礼があると言ったようだった。

いや、そうではなかったかな？　それとも夢を見ていたのか？
でなければ俺の気が狂って、ジュリエット姫の話が出たままに、
てっきりそうと思い込んでしまったのか？　パリス、その手をくれ。
僕と一緒に、君も不幸な運命のリストに、名前を書き並べられた人間だ。
きっと栄光の奥城《おくつき》に葬ってやるぞ。――奥城《おくつき》？
いや、そうではない、亡き若人よ、ここは光明の高窓*だ。
見ろ、ジュリエット姫が眠っている、そしてその美しさが、
この奥城《おくつき》をまるで光り輝く宴《うたげ》の広間にしているのだ。
さあ、死よ、ここに眠るがよい、葬るものも死人の手だ。〔墓の中にパリスを横たえる〕
死に瀕した人間が、却って俄かに心楽しくなることが、
よくあるものだという。看護《みとり》の者どもは、それを、
死の前の閃きだと言っている。だが、どうしてこれが、
閃きなどと言えようか？　愛する恋人、愛する妻、
蜜と甘いお前の呼吸を、吸い取ってしまった死の神も、
まだお前の美に対しては、力を現わしていない。
まだ征服されてはいない、頬にも、唇にも、
美の旗印は、なお赤々とひるがえり、

死の蒼ざめた旗は、まだここまでは進められていない。
ティボルト、貴様もそこにいるな、朱《あけ》に染んだ屍衣に包まれて。
貴様の青春を真二つにした、この同じ手で、
今その当の敵だった男の青春を切り裂いてやるが、
これ以上の貴様に対する追善はよもあるまい。
許してくれ、ティボルト。ああ、いとしのジュリエット姫、
あなたは何故まだそんなに美しいのです？　もしか、
あの亡霊のような死の神までが、あなたに思いをかけて、
あの骨と皮ばかりの汚わしい怪物奴が、この暗黒の中で、
あなたを思い者として囲っておこうとでもいうのであろうか？
そのためにも、私はいつまでもあなたと一緒にいる。
この暗い夜の宮殿から、どんなことがあっても、
俺は離れぬぞ。ここに、こうして、俺はいる、
あなたの侍女《こしもと》ともいうべき、蛆虫どもと一緒にだ。
ここここそは、俺にとって永遠の憩いの場所であり、
今こそこの薄命な星の軛《くびき》を、この世に倦み果てた
肉の体から、振り捨ててくれるぞ。眼よ、よく見ろ、名残だぞ！

腕よ、さあ、最後の抱擁だ！　そして、おお、生命の門なる唇よ、
今こそ天下晴れての接吻《くちづけ》で、あの万有独占の
死の神と、永久契約の証文に証印をするのだ！
さあ来い、苦《にが》い先達、不粋な案内《あない》、そして、
貴様、生命知らずの水先案内よ、波に倦み、
海につかれた貴様の舟を、さあ、すぐにも岩角へ乗り上げるのだ！
さあ、わがいとしの人のために！〔毒薬を飲む〕　おお、正直だな、薬屋、
貴様の薬はよく利くぞ。さあ、こう、接吻して、俺は死ぬ。〔息絶える〕

墓場の他の一方から、僧ロレンス、提灯、ツルハシ、スキをもって登場。

僧ロレンス　南無、聖フランシス、まもらせ給え！　それにしても今夜は、
幾度老いの脚が墓石につまずいたことか！　だれだ？
バルサザー　怪しいものではございません、しかもあなた様をよく存じております。
僧ロレンス　お前か、それはよかった。ところで何だ、
あの向うの燈は？　いたずらに蛆虫や、眼のない髑骨《しゃれこうべ》どもを、
照らしているらしい。どうやら見たところ、
キャピュレット家の廟所《おたまや》で燃えているらしいが。

バルサザー　左様でございます、上人様。手前主人、上人様にお目をかけていただいております手前の主人がいられるのでございます。

僧ロレンス　主人とは？

バルサザー　ロミオ様でございます。

僧ロレンス　して、いつからいるのだ？

バルサザー　たっぷりもう三十分ばかりも。

僧ロレンス　では、わしと一緒に、あの墓へ来てくれ。

バルサザー　いいえ、とんでもない。主人は、私が行ってしまったものとばかり思っております。ぐずぐずしていて、万一俺のやることを窺いなどしてみろ、生命はないぞと、おそろしい権幕でございました。

僧ロレンス　では、ここにいるがよい。ひとりで行こう。だが、それにしても気懸りだ。おお、これは何か、悪い、不祥なことでも起るのではあるまいか。

バルサザー　実は、今もこのイチイの木の下で、ウトウト致しますうちに、主人が、だれか他所《よそ》の方と果し合いになりまして、とうとう主人が、相手を殺してしまった夢を、見ましたようなわけでございますが。

僧ロレンス　ロミオ！　〔舞台中央に進み出る〕

おお、なんということだ？　廟所《おたまや》の入口の石を
真赤に染めている。それに、これはまたどうしたことだ、
主のない血塗れの刀が二本、場所もあろうに、安らかな休息《いこい》の場所に、
血糊のまま、打ち捨てられているとは？〔墓の中へ入る〕
ロミオだ！　おお、真青になって！　ところで、もう一人は？
なに、パリスも？　朱《あけ》に染まって？　ああ、なんという無慙《むざん》な時の仕業、
こんな悲しいことを、一時にしでかそうとは！
姫が起き出された。〔ジュリエット眼を覚ます〕
ジュリエット　おお、有難いお上人様！　あの方はどこにいらっしゃいます？
私が今どこにいるか、それはよく覚えておりますわ、ここが、
そうなのでございましょう。私のあのロミオ様は、どこにいらっしゃいますの？〔舞台奥で人声がする〕
僧ロレンス　人声がする。お嬢様、さあ、早くその死と、疫病と、
そして不自然な眠りの床からお出になるがよい。
どうやら、人間の力ではどうにもならない大きな力が、
私たちの計画を阻んでしまったものと見える。さあ、お出でなさい。
あなたの御主人は、それ、あなたの胸の上に倒れて息絶えておられる。

それからパリス殿もな。さあ、あなたのことは、
童貞たちの教団に頼んで、預かってもらうことにしよう。
何も言わないでおいでなさい。夜廻りの者が来るらしい。
さあ、早く、お嬢様。〔再び人声がする〕　これ以上グズグズしてはおられない。

ジュリエット　いいえ、上人様こそおいでになって。私はいやでございます。

〔僧ロレンス急ぎ退場〕

何だろう、これは？　盃が、しかもロミオ様のお手にしっかり握られて？
わかった、てっきり毒を飲んで、思わぬ最期をお遂げになったのだわ。
それにしてもひどい！　すっかり飲み干しておしまいになって、
私にはただの一滴も残しておいて下さらないのかしら。
あなたの唇に接吻《くちづけ》してよ。まだ唇には、毒が残っているかもしれぬ。
すれば毒が却って生命の妙薬、死んでお伴ができるわ、きっと。〔接吻する〕
まだ温かいこの唇！

夜警一　〔舞台奥で〕　おい、先に往って。どっちだ、途は？

ジュリエット　ああ、あれは人声？　ぐずぐずしてはいられない。おお、嬉しいこの短剣！　〔ロミオの手から短剣をもぎとる〕
この胸、これがお前の鞘なのよ。〔自ら胸を刺す〕　さあ、そのままにいて、私を死なせておくれ。

〔ロミオの身体の上に折り重なって死ぬ〕

夜警の者ども、パリスの侍童を伴って登場。

侍童　ここなんです。ほら、あの燈の燃えているところ。

夜警一　あたり一面血だらけだ。墓場のあたりを探してみろ。さあ、だれか行って、人がいたら捕まえろ、だれかれの容赦はいらぬ。なんという有様だ！　ここには伯爵様が殺されているし、これはまたお葬いをしてもう二日にもなるジュリエット姫が、血を流して、まだ温かいまま、なくなったばかりの様《さま》で倒れておられる。往って、御領主様に御報告申し上げろ。それからキャピュレット様へもな。モンタギュー様も叩き起すのだ。残ったものはもっと調べろ。〔他の夜警ども退場〕悲しい不幸の数々が横たわっている、その在り場所はこの通りわかっているが、さて、こうした痛ましい不幸の本当の原因の在り場所は、もっと詳しく調べないと、判然しないからな。

夜警の一組、バルサザーを伴って登場。

夜警二　ロミオ様の召使だそうです。墓場で見つけました。

夜警一 御領主様のお見えになるまで、逃がさぬように押えておけ。

夜警の他の一組、僧ロレンスを伴って登場。

夜警三 どうやら出家らしいこの男ですが、吐息をついては、ふるえて、泣いております。墓場のこちらから逃げ出そうとするところを、引っ捕えて、このツルハシとスキとを押収致しました。

夜警一 それは大いにウサンだ。そいつも押えておけ。

太守、従者たちを引き連れて登場。

太守 朝早くから、いったい何事が起ったのだ、折角の朝の眠りから、われらを呼び出そうというのは？

キャピュレット及びキャピュレット夫人登場。

キャピュレット やれやれ、何としたのだ、町中大声で喚き立てて？

キャピュレット夫人 なんでも町の人声では、大声でロミオと呼ぶもの、ジュリエットと申しますもの、パリスと申しますもの、それがみんな大声をあげながら、私たちの廟所《おたまや》の方へ駆けて参ります。

太守　われらの耳を驚かす、あの恐怖の叫び声は何事だ？

夜警一　御領主様、これ、この通りパリス様が斬られておいでなさいますし、こちらにはロミオ様が息絶えておられる、それにまたとうに失くなられたはずのジュリエット様までが、温味《ぬくみ》さえ残って、殺されたばかりの体にお見受け致します。

太守　よく調べて、どうしてこのような殺人が行われたか、はっきりさせるがよい。

夜警一　それから、この出家と、殺されたロミオ様の召使だという、この男でございますが、いかにも死人の墓を発《あば》くに屈強と思われます道具を、いろいろ所持致しておりました。

キャピュレット　なんということだ！　御覧、お前、娘が血だらけだぞ！　この短剣奴、なんという狼狽者《うろたえ》だ！　――モンタギューめが背後《うしろ》にさげた、鞘は一向藻抜けの空で、娘の胸に突き刺さるとは、なんという、これはまた宿の取り違え方だ！

キャピュレット夫人　ああ、この齢になって、こんな悲しい目を見ますとは、ただもう墓場の近いのを教えてくれる、弔いの鐘も同様でございます。

モンタギュー及びその他の人々登場。

太守　さあ、モンタギュー、あなたも時ならず早く起き出て来られたが、見られる通り、これはそれにもまして、時ならず早い眠りに就かれた御子息の姿だ。

モンタギュー　ああ、いや、殿下、家内は昨夜なくなりました。
倅の追放を悲しみのあまり、生命を落してしまったのです。
まだこれ以上老いの身に、どんな不幸が来ようというのでありましょうか?

太　守　あれ、あれを見ればおわかりになる。

モンタギュー　おお、おのれ、なんという不所存者が！　父に先き立って、
墓場へ急ぐとは、これがいったい礼儀か、作法か?

太　守　いろいろ不審の点をはっきりさせ、その原因、
その源、そしてその由って来る真相がわかるまで、
一先ずこの兇行の跡は、閉ざし隠しておくがよい。*
あなた方の不幸を悲しむについては、私ももとより譲らぬつもり、
仇敵の生命もと言われるなら、それにも先頭に立って上げぬでもない。
だから、それまでは、まず悲しみもじっと忍んでもらいたい。
疑わしい者どもがあれば、連れて参れ。

僧ロレンス　それは私こそ筆頭。時と場所とが意にまかせず、
なんの力もありませんでしたが、この怖ろしい兇行の
嫌疑者といえば、私がまず一番でございましょう。

この通り逃げ隠れは致しません。当然の責めは自らも責め、
ちゃんと理由のある点では、立派に申し開きを致したいつもりです。

太守　それではこれについて、知るところがあればすぐに申せ。

僧ロレンス　では簡単に申し上げます。と申しますのは、もう老い先短い、
私の玉の緒は、長々しい話を申し上げている余裕もございません。
そこに死んでおりますロミオは、ジュリエット姫の夫、
同じくそこに死んでおられる姫は、ロミオの操正しい妻でありました。
この私が結婚をおさせ申したのです。そしてその秘密の結婚日が、
ちょうどティボルト横死の日、そこでその非業な死のために、
新婚の花婿は、この市から追放ということになり、ジュリエット姫の悲しみは、
実はティボルトのためでなく、夫ロミオのためだったのです。
ところが、あなた方は姫の悲しみを除こうため、
あのパリス伯爵と無理強いに婚約させ、あまつさえ婚礼させようとまで
なさったのです。そこで姫は、私のところにお見えになり、
すっかり思いつめた御様子で、なんとかこの重婚をのがれる方法を
考えてほしい、でなければ私の庵室で自殺してしまいたいとおっしゃる。
そこで私も、かねがね習い覚えておりました眠り薬を

差し上げましたが、これはすっかり思い通りの効目《ききめ》をあらわし、
姫は全く死んだもののようになってしまわれました。
一方私は早速ロミオ宛てに手紙を認めまして、ちょうど今夜は、
薬の効目もなくなる時ですから、帰って来て、
姫をその仮の墓場から救い出すのに、手をかしてほしいと
言ってやりました。ところが、あいにく使者にたった僧ジョン奴が、
思わぬ事故に阻まれまして、昨夜その手紙を、そのままに
持ち帰って参りました。そこで結局私ただ一人、
姫の眼を覚まされる予定の時刻をおしはかり、
御一家の廟所からお救い申そうと、やって参ったわけであります。
と申しますのは、一時とにかく私の庵室にひた隠しにお隠し申し上げて、
折りを見てロミオには使いを遣る機会を窺ったわけであります。
ところが、姫の眼を覚まされる直前に参って見ますと、
この通り思いもよらぬパリス殿、それからロミオまでが、
息絶えて倒れておられる始末でございます。
姫は眼をお覚ましになりました。私はすぐにもお出になるよう申し上げ、
いずれは天命の致すところ、じっとお忍びなさいませと申し上げましたが、

ちょうどその時人声が致しまして、私は驚いて墓場を逃げ出しましたが、
姫にはすっかり思い詰めた御様子で、どうしても私と一緒に
お出でになりませんでした、お見受け致しましたところ、
どうやらわれとわが身を害《あや》められたものと存じます。
私の存じておりますことはこれだけ、なお結婚のことにつきましては、
あの姫の乳母も与《あずか》っておりますが、もしこの始終につき、
私に落度でもありましたら、いずれはこの老いの身、
厳重なる法の表にお照らしいただいて、たとえいくらか
天命は早められましょうとも、どうか応分の御処分をお願い致します。
太守　われらは其の方を、かねてから高徳の僧と思っている。
ところで、ロミオの召使という男は何処にいる？　何か言い分はないのか？
バルサザー　私はジュリエット様の御最期を主人に申し伝えますと、
主人はマンチュアから、ここ、この廟所《おたまや》へと飛んで帰って参りました。
そしてこの手紙を、朝早く父上に届けてくれいとの仰せで、
それから廟所へお降りになりながら、そのまま主人を残して、
早々私が立ち去ればよし、でなければ生命がないぞと、
それは怖ろしい御権幕でございました。

太　守　では、その手紙とやらをこれへ。わしが読んでみよう。
それから、夜警を呼び起したという伯爵の小姓は何処だ？
これ、其の方の主人はここで何をしたのだ？
侍　童　主人は奥様の墓にお撒きになろうとて、花をお持ちになりまして、
私には座を外すようとの御命令でございましたので、私はそう致しました。
ところがまもなくだれか、燈火を持って、墓を開きに参った者がありましたが、
するうち主人が剣を抜いて、この男が斬ってかかる、そこで私は、
大急ぎで、夜警の者を呼びに、駆けて参ったわけでございます。
太　守　なるほど、この手紙で、二人の恋の仔細、姫の死の知らせなど、
この僧の言葉の偽りでないことは相分った。なお、それによれば、
彼が哀れな薬屋から毒薬をもとめ、それをもって死を覚悟でこの墓を訪れ、
ジュリエット姫と同穴の契りを結ぼうとした意向も、ちゃんと書かれてある。
仇敵同士の両人は何処にいる？　キャピュレット！　モンタギュー！
どうだ、其の方たち相互の憎しみの上に、どんな天罰が下されたか、
また天は、其の方たちの喜びたるべき子宝が、互いに相愛することによって、
却って互いに滅ぼし合うという、そうした手段をとられることもわかったろう。
そして、わしもまた、其の方たちの仲違いをつい見すごしていたために、

身内を二人まで失ってしまった。われら一人残らず罰を受けたのだ。

キャピュレット　おお、モンタギュー殿、どうかお手を。
これを私は娘への御結納と頂戴致します。つまりこれ以上、
お願いする資格はないのですから。

モンタギュー　いや、もっと差し上げたいものがあります。
というのは、私はお嬢様の像を、純金で建立いたしましょう。
そしてこのヴェロナの市が、その名によって続くかぎり、
貞節無比、ジュリエット姫のそれほど、世に仰がれる
像はないという、そうしたものをつくりたいと思うのです。

キャピュレット　それではその側には、劣らず立派なロミオ殿の像を、
可哀そうに、われわれ両家確執の犠牲の記念《かたみ》として、つくりましょう。

太　守　朝とはいえ、今朝はまた物悲しい静けさだ。
太陽も、悲しみ故か、面を見せぬ。さあ、往って、
なおゆっくりこの悲しい物語を語り合うことにしよう。
それぞれ赦すべきは赦し、罰すべきは罰するつもり、
世に不幸な物語も数々あるが、このジュリエット姫と、
ロミオの物語、それにまさるものがまたとあるであろうか？　〔一同退場〕

注

登場人物　シェイクスピアの原本（第一、第二四折本、第一二折本全集）にはこの登場人物表はない。後世編纂者の付加したもの。

序詞　この作品は、第一幕と第二幕の最初に、序詞《プロローグ》がついている。序詞役《コーラス》が一人、登場して朗誦する。原文はソネット（十四行詩）形式になっている。但し、厳密にシェイクスピアの筆かどうか疑わしい。

第一幕第一場　場所の指定は同じく後世編纂者の付加。幕割、場割はすべて後代の編集である。古刊本にはない。この場、引幕を閉じて、外舞台で進行。なおこの「ロミオとジュリエット」は、劇の進行が急で、その劇的時間の経過について、作者は細心の注意を払っているから、以下参考のために注しておく。第一幕第一場は、日曜日の朝、九時前後であることが、149行ベンヴォーリオ「九時を打ったばかりだ。」でわかる。

1(行)　虫を殺すのは真平だ——以下、地口問答がしばらくつづく。訳文ではかなり変更を加えたから、原文のそれを挙げておくと、

サムソン　（一）炭を運ぶ　（二）侮辱を忍ぶ　} (carry coals) のは真平だ。

グレゴリ　そう、炭屋 (colliers) になることだからな。（一説に、炭屋は嘘吐き、不正直者として悪世評があったという。）

サムソン　つまり、腹が立つと (in choler—colliers と音が通う)、剣を抜く。

グレゴリ　呼吸のあるうちに、首輪 (collar—choler と音が通じる) をはめられぬようにしろ。

13　おっかぶせてやっつけてみせる。——原文は「道路の両側壁に近い側を取る」take the wall とあり、当時はまだ道路の状態が悪く、中央は車馬の往来や泥濘などで危険が多く、それに対して両側に近い側が

より安全とされていた。したがって男同士、道で出会せば、強者が弱者を押しのけて、壁側を通行し、これが一種の特権と見なされ、「人に対して壁側をとる」とは、「人に勝つ」の意があった。同時に、女に対しては、弱者として、男はこの壁側をゆずるのが常であった。それが次のグレゴリのセリフ、原文では、「弱い方が壁側へ行くに決まっている」The weakest goes to the wall となるのである。

21 急所——原文は maidenhead（処女膜、処女性）

25 相当の逸物——原文は a pretty piece of flesh（一）大男、の意と、（二）相当に大きな penis の意にもとれる。

27 魚でのうて幸せよ——前注の flesh を「獣肉」の意にとって、それに対していう。

35 指嚙み——拇指の先を前歯でかむようにし、相手に向かって、それを上歯で弾くようにする。人を侮辱するしぐさ。

90 フリータウン——原話にある Villa Franca の英訳。ヴェロナの東南十マイル余にある町。原話では、キャピュレット家の居城のあるところになっている。

188 真剣な話——ここまた地口問答がつづく。原文では、

ベンヴォーリオ　（一）真剣な話、（二）悲しみをもって、 } (in sadness) 相手は誰だ？

ロミオ　なに、（悲しみの）呻きをあげて、言えというのか？

ベンヴォーリオ　呻きをあげて？　そうじゃない。だが、（一）真面目に、（二）悲しげに、 } (sadly) 話せというのだ。

ロミオ　なら、病人に、（一）真面目に、（二）悲しみつつ、 } (in sadness) 遺書を書けといえ。

218 羨しい仮面――エリザベス朝婦人は劇場など公衆の前に出る時には、普通黒、または色物の仮面をつけた。

第一幕第二場

同じく外舞台。但し、時の経過はある。日曜日の午後か。54行、召使に対するロミオの挨拶、「いよう、おい、どうだ。」の原文は、Good-den（=good evening）とある。

第一幕第三場

引幕を開いて内舞台が主。最初の夫人と乳母の登場は、奥よりの体で、内舞台入口から。ついでジュリエットの登場は外舞台入口からか。最後は内舞台入口から一同退場、幕を閉じる。時間は100行、召使の言葉にある通り、日曜日の宵、食事前。

14 ハカケなや――この地口、原文では、乳母が「歯を十四本（fourteen）賭ける。」と言ったついでに、「悲しや(to my teen)、それが四本しかない」とシャレたもの。

23 あの地震――英国では地震は珍しいが、一五八〇年四月六日に相当の地震があった。したがってこの一節は、それへの言及で、それから十一年目とあるところから、この作の一五九一年の作と推定する論者もあるが、乳母の言葉にそれほどの事実性をおくことは疑問。解説二三六頁参照。

89 海も、魚が住んでいてこそ云々――きわめて唐突で、前後の関係捕え難く、古来諸解紛々たる難句。訳者は大体ハドソンの解釈にしたがって、海という美しいものも、その中に魚を棲まわせてこそ意味がある、という程度の義にとっておいた。次のジュリエットを美しい外表紙とみなし、パリスを美しい内容と見立てるイメイジに一番自然につづくようであるから。

第一幕第四場

引幕を閉じて外舞台。前場にほぼ同じ。日曜日の宵。

29 俺の面隠しの仮面をくれ――招かれないモンタギュー家の連中が、敵方の舞踏会に紛れこむのだから、ことにも仮面の必要があった。以下数行、特徴的なマキューシオの風貌を想像させる。なおマキューシオ、ここで従者から仮面を受け取り、次の「ヒョットコ面云々」でそれを捨てる。

36 燈心草――当時は床に敷物なく、かわりに藺《い》草を撒いてあった。なお劇場舞台などもそれが撒いてあったらしい。

33　岡目八目——原文は、a good candle-holder proves a good gamester（上手な燭火持ちは上手な賭事師になれる。

39　僕はおりる——原文は、「賭事勝負をもうやめる」（I am done）とある。訳では、次の地口の関係から花札賭博でいう「おりる」に変えた。

40　おりもの、腫れもの御用心——原文は無意味な地口がつづく、そのまま飜訳不可能ゆえ、全く変えた、即ち、前行の I am done を受けて、done の音から、

マキューシオ　Tut, dun's the mouse, the constable's own word. If thou art dun, ……

（「鼠は鼠色」、これは done とのシャレで、しばしば地口に用いられる。わが「恐れ入谷の鬼子母神」「蟻が鯛なら、芋虫や鯨」の類。次の「警官の決り文句」the constable's own word は不明、定説なし。あるいは dun の音が dumb「沈黙」に通じるところから、「黙れ」という警官お得意の用語かともいわれる。）

41　君がおりるんなら——これも原文とは違う。原文は、前の地口のつづきで If thou art dun とある。この場合、dun は dun horse（褐色の馬）の意。これは古いクリスマスの室内遊戯の用語で、重い丸太棒を沼へ落ちこんだ dun horse と見、これを引き出す心で、敵味方引っぱり合いっこをする遊戯。

43　つまらん昼行燈——原文は we burn daylight.（本来は we burn candles in daytime というべきを、言い違ったもの。意味は、昼間、あかりをつけること、即ち、無駄をするの意。）日本語で俗語「昼行燈」は別の意味だが、ここでも言い間違いの点で通じるので、使ってみた。

47　五つに一つの智慧——当時の考えで、良知 common wit　想像 imagination　空想 fantasy　分別 judgment　記憶 memory の五機能が五智とされていた。したがって分別は、いわば人間の智の五分の一、五度に一度しか出ないものとの意。

53　マブの女王——アイレ（アイルランド）の民謡で妖精の女王。

54 妖精どもの取上げ婆——夢は、睡眠中に妖精が人の頭の中を訪れて、見させるものと考えられていた。女王マブは、そうした夢を生ませる産婆との意。

55 市役人——正確にいえば、市参事会員（alderman）。

64 尻の重い娘っ子が云々——娘などをよく働くようにしつけるために、「怠けると指先に虫が湧く」などと言ったことによる。

79 教会税の豚の尻尾——教会税として物納した豚の、その尻尾という意。

90 おヒキズリの髪の毛をもつれさせて——不精な女が頭髪の手入れもせず、もつらせてしまうのを、小妖精の仕業とする迷信が行われていた。

第一幕第五場

現在の流布本では、すべて前場の終りで一同退場となり、改めてこの第五場がはじまることになっているが、エリザベス朝劇場では、解説二二七頁で述べた舞台構造を利用し、興味深い独特の演出がなされていたことが、古版ト書きによってわかる。即ち、第一四折本によると第四場終りの一同退場はなく、「一同舞台を一周する」と、給仕人たち、ナプキンを持って出る」というト書きがあり、直ちにこの場の給仕人間の対話に移る。つまりベンヴォーリオの「太鼓を打て！」のセリフと一緒に、太鼓を先頭にして、仮装姿のロミオ等一同が、広い外舞台を一周しはじめると、これがキャピュレット家へ行く道中の心持ちで、一方同時に引幕が開かれると、そのまま内舞台がキャピュレット家広間の体で、これへ給仕人たちが登場、次の場がはじまる。そして給仕人の対話が終るまでに、ロミオ等は舞台を一周しおわり、13行、キャピュレット以下に迎えられて、到着した心になる。わが能や狂言の演出には珍しいことでないが、「人は舞台にとどまっていて、その間に背景の方が動く」という約束が、エリザベス劇場の一つの特徴であったのであり、それによって劇の進行が中断なく、早いテンポで行われたのである。なお時間は前場と同じ、日曜日夜。

1 給仕人一——以下12行まで、この給仕人のセリフの割振りは一定ならず、古版においてもマチマチであり、かつ人数も適宜でよろしからん。

34　ペンテコステの祭――五旬祭。ユダヤ民族の祭日。彼等の祖先たちがモーゼに率いられて、エジプトから故国カナンに向けて脱出の出発をした日を記念したもの。三四月(年によって違う)の頃に踰越節（すぎこしのいわい)という祭日があり、それから五十日目にあたる。旧約聖書出エジプト記第十一――十二章参照。

83　〔いや、これは面白い〕――以下、カッコは、他の客、召使などに応答し、命令している言葉。

90　尊いこの御堂――以下103行、ロミオが最初の接吻をするまで、十四行に渉る応答は、訳者の力に餘るから仕方なく散文に訳したが、原文では四行聯三、対聯一からなるソネット形式になっている。ちょうどわが平安朝の男女が、しばしば和歌をもって応答したり、中国人に次韻の慣習があるように、このロミオとジュリエットの最初の会話は、一種の詩的応答の形でなされているのである。せめてそのつもりで読んでもらいたい。なおついでながら、今夜ロミオは聖地エルサレムへの巡礼姿の仮装で来ているのである。

119　なるほど、そうですか――客たちが、それでも帰ると言い張ったのに答えたもの。

第二幕序詞　これも原文はソネット形式

第二幕第一場　引幕を閉じて、外舞台。時間は、日曜日から月曜日にかけての深夜。31行「露深い夜の闇を求めて、」39行「お休み、俺は安ベッドでも家へ帰るよ」などあり。

2　〔ロミオ隠れる〕――通常流布本はすべて、この場を庭園の外として、ここに「塀を登って、内側に飛び降りる」というト書きがある。したがってロミオはここで一旦退場、改めて第二場で庭園内となり、ロミオの再登場ということになる。そしてダウデンなどは、この場は舞台に塀の作り物を出しておき、この場の終り、マキューシオ、ベンヴォーリオの退場とともに、引いて取ったものならんと注しているが、このト書きは十八世紀末以来付加されたもので、古版には、このト書きはもちろん、ここでロミオ「退場」の指示も、次の第二場で「登場」の指示もない。このト書きを付加した理由は、次の5行「この庭の塀を乗り越えた」というベンヴォーリオのセリフから逆推したのだが、ここはハリソンの主張するように、乗り越えたという心持で、ロミオは舞台の一部(おそらくは外舞台の柱の蔭ならん)に身を隠す。ついでマキューシオ、ベンヴォーリオの登場となり、その退場とともに、ロミオ再び現われると、前述「人が動かず、背景が動く」約束によって、場面は庭園内になっている、という考え方を訳者は支持する。理由はエリザベス朝演劇は、わざわざ塀の作りものを出して、それを乗り越える動作をしなければならないという写実劇でなく、身を隠すことと、次の「乗り越えた」というセリフだけで、十分写実的動作のかわりを果たすことができる約束の演劇であり、象徴的舞台だったからである。そしてこれでこそ古刊本にロミオ退場、登場の指示のないことも理解でき、またエリザベス朝演劇独特の連続性から考えても、第一場から第二場へ通す方がはるかに自然である。なお念のために、この種約束演技の例をあげると、同じ作者「恋の無駄骨」第四幕第三場に、一人物が樹上に登って隠れるところに、ト書きはただ「傍の方へ行く」He steps aside とあるだけ。つまり写実的に作りものの樹になど登らなくとも、象徴的に理解されたのである。

7 南無帰命頂礼——原文にはない。ただ以下7—15行、17—21行は、マキューシオがおどけて、魔法使の身振りよろしく、祈り出しの呪文を唱えるところである。原意をくんで、加えたもの。

13 コフェチュアの王——コフェチュアという王様が、ゼネロフォン（あるいはペネロフォン）という乞食娘に恋して、王妃にした次第を歌った古民謡があり、人口に膾炙していた。

16 お猿どの云々——猿廻しの真似とする解釈もある。しかしそれを否定して、単に親愛をこめた呼び方にすぎぬとする解釈もある。訳は前者に従った。

35 あの実《み》の名前を口にしては云々——前行ビワの一種である medlar の実は、末端が熟すと、ヘソのように開くので、俗名「尻開き」と呼ばれ、猥雑な連想あり。

第二幕第二場

前場の注参照。流布本では別場になっているが、本来は前場からそのまま連続感をもって演じられた。二階舞台と外舞台という立体的構造を生かして、本劇中もっとも有名な、かつ浪漫的な場面の一つ。時間は前場のつづき。月曜日の早朝にかけて。175行に「もう朝だわ」とあり。

9　そんなものを着るのは、道化の阿呆ども——当時の宮廷道化のお仕着せ服は、白と緑のダンダラが定色になっていた。

80　恋に眼を貸しただけ——恋の神キューピッドは目隠しをされて盲目故。

92　ジョゥヴの神様もお笑いになる——オヴィッドの「愛の技法」Ars Amatoria の英訳に、「ジョゥヴ神、大空にみそなわし、はるか下界、恋するものの偽誓を笑い給う、」とあるに由来するという

第二幕第三場

引幕を開いて内舞台。僧ロレンス内舞台から登場、やがて外舞台へ出、外舞台から入って来たロミオと対話。ついで打ち連れて外舞台から退場。時間は月曜日朝。僧ロレンス冒頭のセリフで明瞭。

第二幕第四場

引幕閉じて、外舞台。時間は月曜日正午頃。91行「日時計めが、正午のあそこをしっかと押えて云々」とあり。

17　猫の王様よりは上物だ——中世ヨーロッパに流布した動物寓喩譚「レナード（ルナール、ライネケ）狐」に出てくる猫の王様の名が、ティバート、またはティボルトであった。その他古い民話などでも同様。

19　絹ボタン斬りじゃァ鬼殺しだ——当時フェンシングの達人になると、相手の上衣のボタンだけを、どれでも指示されるままに見事に刺し貫く手練の芸を誇ったものという。

20　当世時めく成金の随一——原文は a gentleman of the first house. 通常は単に「第一流の家柄」の意にとるが、同時代の用例では「成金、成上り者」に使われた例もある。かりにそれを取ってみた。

20　一条二条と箇条書がつかァ——中世騎士道が爛熟の末、形式瑣末主義に流れ、口論決闘一つするにしても、箇条書で形式的な作法が勿体らしくやかましく言われていたのを諷したもの。詳しくは「御意のまま」第五幕第四場に出ているが、それによると口論決闘の原因にも、従うべき七カ条というのが挙げられている。たとえば第一条、慇懃なる口答え（Retort Courteous）、第二条、穏かな遁辞（Quip Modest）、第三条、無礼な返答（Reply Churlish）、第四条、勇敢な譴責（Reproof Valiant）、第五条、口論がましい反撃（Countercheck Quarrelsome）、第六条、婉曲な虚言（Lie with Circumstance）、第七

条、直接の虚言 (Lie Direct) 等が挙げられている。即ち、ここではティボルトが喧嘩一つするにも、上記の箇条書を一々気にしているからする形式主義のケチな男との意。

27 「アチャラでは」――ここ原文は these perdonami's. 即ち、新しがって、Pardon me という代りに、フランス語の Pardonnez-moi を舌足らずに振り廻す気障な外国カブレを諷したもの。訳文「アチャラでは」は、洋行帰りのザーマス・マダムなどが、何かといえば「アチャラでは」を振り廻す悪癖におきかえてみた。

29 ああ、アチャラ、アチャラか！――原文は、O, their bones, their bones とあり bone は、これも二言目には、フランス語の bon (＝good) をふりまくのを諷したもの。この前後シェイクスピアにしばしば出る、新しがり屋の外国カブレ嫌いの一例。

32 ペトラルカ――イタリア・ルネサンスの詩人ペトラルカ。恋人ラウラを詠った不朽のソネットを遺したので有名。

35 ダイドー――古代カルタゴの女王。トロヤの英雄アェネアスを恋して、有名な悲恋物語の女主人公になった。

35 ヘレンにヒーロー――ヘレンは、例のトロヤ戦争の原因になったギリシャの美妃、パリスの恋人。ヒーローは同じくセストスの美少女、ヘレスポンド海峡を挟んで対岸のリアンダーとの悲恋で有名。

36 シスビ――バビロンの美少女、ピラマスとの恋物語で名高い。

38 フランス型、だぶだぶズボン――やや今のニカボカに似ただぶだぶズボン。当時のフランス風新型として洒落者が穿いた。

44 七重の膝を八重に折らなきゃならない――以下洒落合戦がつづくのだが、やむをえず原文から離れた。参考のため、原文の意をかかげておくと、直前のロミオのセリフで、

ロミオ　……ああした場合は多少、(一) 礼儀／(二) お辞儀 (courtesy) を曲げてもよかろう

マキューシオ　すると、つまりそうした場合は、膝を曲げ (bow in the hams——coutesy の別義「お辞儀」にかけたもの) なければならぬというのだな。

ロミオ　つまり、それはお辞儀 (to courtesy) の方。

マキューシオ　まさにその通り。

ロミオ　つまり、非常に礼儀正しい (courteous) 説明だ。

マキューシオ　いや、俺という人間が、礼儀正しさでは模範的な人間 (the very pink of courtesy) だからな。

ロミオ　花ならナデシコか。(pink に（一）精華、模範と、（二）ナデシコの両義あるにかけた。)

マキューシオ　その通り。

ロミオ　そんなら俺の靴をみろ、立派な花模様がついている (flowered)。

マキューシオ　巧い。では今俺の言うシャレを、その靴の穿き切れるまでつづけて来い。——その靴の一枚底 (single sole) が擦り切れても、そのあとに、シャレは天下一品 (sole singular) として残るだろう。

ロミオ　なるほど、（一）一枚底の (single-soled) / （二）智慧のない (single-souled) シャレだ、（一）一枚という / （二）智慧なしの (singleness) 点じゃ天下一品だ (solely singular)。

マキューシオ　ベンヴォーリオ、助けをたのむ。智慧の息が切れそうだ。

ロミオ　鞭と拍車、鞭と拍車 (しっかりせよの意)、でないと勝負あったというぞ。

マキューシオ　貴様の智慧が鴨追い競争 (wild-goose chase) をやるのなら、俺はやめた。というのは、貴様は五つの智の中のその一つの中に、俺が五智全部の中に持っているよりも、もっと沢山の（一）鴨 / （二）馬鹿げた血気 (wild-goose) をもっているからな。　（一）鴨 / （二）馬鹿気 (goose) にかけては、俺は貴様の敵でない。（鴨追い競争とは二人でする一種の騎馬遊戯。後のものは、先頭のものが勝手に走るコースを、どんなところでもそのままついて走らなければならぬ。こうして先頭を奪い合って競争する。犬が鴨を追うに似ているから来た名か。）

ロミオ　（一）鴨
　　　　（二）馬鹿気 } (goose) で俺の敵でないから、外のことはなおさら敵でない。

マキューシオ　冗談をいうと、耳を噛むぞ。

ロミオ　おっと、鴨さん (good goose)、噛むのはよせ。

マキューシオ　貴様の智慧は恐ろしく
　　　　（一）苦甘いぞ
　　　　（二）苦林檎だ } (bitter sweeting)。ひどくよく利くソース (sharp sauce) というものだ。（苦リンゴ bitter sweet といったのから、焼鴨料理 roast goose にはつきもののリンゴソース apple-sauce をもちだしたもの。）

ロミオ　甘い鴨（馬鹿者の意）にはちょうど合うのじゃないか。

マキューシオ　まるで仔牛の革みたいな頓智だ、狭くは一インチの幅から一エルの大幅 (broad) にまで伸びる。

ロミオ　じゃ、その「大幅」broad という言葉の縁で伸ばしてみせよう。鴨に大幅をくっつけると、つまり貴様は
　　　　（一）大幅の鴨だ
　　　　（二）隠れもない馬鹿だ } (broad goose) ということ。

74　如意棒おったて穴探し――如意棒、原文では、bauble.（一）道化阿呆が持っている短棒の意と（二）penis の意とある。その縁で、あとしばらく猥雑な縁語がつづく。

82　猿又に腰巻――原文は a shirt and a smock shirt は男の肌着、smock は同じく女の肌着。男と女というべきところを、ふざけてかく叫んだもの。訳語、必ずしも満足しないが、この辺か。

85 扇をおくれ――当時の上流婦人は、外套や、冠りものや、また恐ろしく大きな扇を従者に持たせて前を歩かせた。乳母がそれをいい気持ちで気取っているおかし味。なお当時の婦人の扇は、大きな駝鳥の羽でつくり、柄は金銀象牙、時にはダイヤモンドまではめこむなど、大変なゼイタク品であった。

91 淫乱女の日時計めが云々――日時計の影が十二時の刻みに落ちていることを、刻み (prick) には、また penis の意味があるから、かく言ったもの。

104 食い入って云々――原文では、conference と言うべきを confidence と言い誤ったもの。いわゆる Malapropism と呼ばれるおかし味。

106 ほうたい申し上げたい――招待申し上げたいの誤り。原文は invite を indite と間違えている。

107 ヤリテだ、ヤリテだ、ほーら、出たぞ！　――勢子が獲物の兎などを追い出す時の「兎だ、兎だ、」のかわりに、乳母にあてつけて「ヤリテだ、ゼゲンだ」とふざけ出したもの。

109 狐じゃない――原文は「兎じゃない。」英語では兎に娼婦の意味があるが、日本語では、兎よりも狐にそれがあるから変えた。次の小唄の「狐」についても同様。

120 『いとはん、嬢さん、お姫さん。』――原文は、ただ 'lady, lady, lady' と唄いながら入る。

122 いい気な油煙――むろん「気焔」の誤り。原文では、roguery と言うべきを ropery と誤る

179 犬の唸るみたい ―― シェイクスピアと同時代のベン・ジョンソンが、「英語文法」を書いているが、それに「Rは犬の文字なり、その音唸るが如し」とある。

180 あなた様とローズメリとがどうとかって――ローズメリは和名マンネンロウ。「忘れないで」を花言葉にすることから、二人の結婚を暗示する。

181 結句――警句の誤り。原文は sentence を sententious に誤っている。

187 この扇を持って――この一句、第一四折本にはあるが、第二四折本、第一二折本にはいずれもない。恐らくはよくあることで、役者の即興的セリフが紛れこんだものとも思えるが、この場合非常に効果的である

ためか、十八世紀以来正統テキストに入れるのが常になっている。同じ意味でここも残しておいた。

第二幕第五場　引幕を閉じたまま外舞台。ジュリエットは引幕の間から登場。時間は月曜日正午。10行「九時から十二時といえば云々」とあり。

38　ほんとうに詰らない男を云々——以下、乳母の言葉は支離滅裂、その喜劇的効果に注意。

第二幕第六場　引幕を開いて内舞台。時間は、明示なけれど、当然月曜日午後。

第三幕第一場　引幕を閉じて外舞台。時間は月曜日午後の日盛り。2行に「暑くはあるし、」とある。

12　なんにだ？　何人どころじゃねえや——「なんに」を「何人」と聞き違った。この地口、原文とは少しちがう。原文は、ベンヴォーリオが「なんに（カッとなるのだ）？　what to?」と言った、その to を two （二人）に聞きちがい、「お前のような奴が二人いてみろ、」となる。

25　丸買いする奴——原文は、「自分の生命の永代使用権 fee-simple を買う」と、法律用語を使っている。

27　丸買い、小遣い、たまるかいだ——原文は、永代使用権 fee-simple の音をそのままもじって、「馬鹿を吐かせ！　O simple!」といった。

28　南無三……女房さん——これも原文は、ベンヴォーリオが、「わが頭にかけて、By my head」と言ったのに対して、マキューシオが即妙に、「わが踵にかけて、By my heel」と応じた地口。

38　さあ、弓だ——乞食芸人云々のつづきで、抜身をヴァイオリンの弓と見たてて言ったもの。

66　鼠取り——第二幕第四場で、ティボルトを「猫の王様」と呼んだ関連。

68　手前の九つの生命——「猫は生命が九つある」という諺がある。

71　抜く手も見せぬ鞘走り……その手の方が見えなくなっちまうぜ——原文のシャレは、「ツカ (ears) をつかんで、剣を鞘から抜かないか？……でないと、抜かぬうちに、俺の剣の方が、お前の耳 (ears) のあたりへとんでゆくぞ。」訳文は、耳を手に変えておいた。

87　あわれ、はかなや、お墓入り——原文のシャレは、grave man. (1) 冗談口など叩かぬ生真面目な人間、と（二）墓中の人、の両意にかけた。

151 片手は……残る片手では——当時の剣法で、左手には短剣、右手には長剣と、二刀流であった。

第三幕第二場　引幕を閉じたまま外舞台。時間は月曜日の夕方。冒頭ジュリエットのセリフで察せられる。

2 フェイトン——ギリシャ神話に出る日の神フィーバスの男子で、一日父に乞うて、戦車を駆って大空をかけたが、未熟の身の嬉しさのあまり、韋駄天にかけだして、軌道から逸脱、下界に大火事を起させたといわれる。

14 黒いマントで、目隠し——本来は鷹匠の用語で、野生の鷹を馴らすために、目かくしをしたことによる。

49 ロミオ様の肺が……それでハイとでもいう洒落——以下訳文「ハイ」と「肺」とのシャレは、原文と異う。原文では、「ハイ」I (=ay) と「目」eye とが、ともに発音が同じなので、「ロミオの眼が閉じたために、ハイというのか、」とかける。

第三幕第三場　引幕を開いて内舞台。時間は、月曜日夜、九時か十時頃か。164行乳母のセリフに、「夜も大分と更けます故」とあり。

85 悲しい心の同感、まことお痛わしいお身の上——このセリフ、古版本はすべて乳母になっているが、十八世紀以来これを僧ロレンスのセリフに割り当てる刊本が少なくない。理由は「痛わしい身の上」piteous predicament などの難語彙が、無学の乳母にふさわしくないということによる。しかし本訳ではやはり古版本にしたがった。

108 〔剣を抜く〕——ここで自殺しようとするのを、乳母が剣をもぎとる。

132 未熟な兵士の薬入れ云々——当時まで未だ火縄銃が用いられていたが、腰にその火縄と、（木製または角製）の火薬入れとを近接してぶら下げていた。ために本文のような危険があったのである。

第三幕第四場　屋内のようなれど、特に場所として一定の指示なし。したがって前場との関係上、引幕を閉じて外舞台か？　時間は、月曜日の深夜。5行に「今夜はもうおそい。」また34行に「ひどく遅いぞ。これは、もうやがて朝だといってもよいくらい。」などあり。

18　月曜日でした——このセリフで、前後この劇の曜日がはっきり決定される。

第三幕第五場

二階舞台と外舞台を使用、立体的効果をもっともよく発揮する一場。最初に、ロミオとジュリエット二階舞台に登場。二階の窓の心。睦語の場面があって、42行で、ロミオは接吻をして二階舞台から外舞台へ降り立つ。以下59行までは窓と庭との対話。と、ジュリエットはすぐあと64行で、これも二階舞台から消え、引幕を開けるとともに、内舞台へ降りて来る。以下全舞台。そして当時の観客は、前にはロミオが別れを惜しんだ庭であった舞台を、そのまま今度はジュリエットの寝室として理解し、アクションは進行したのである。このような変化の約束は、これも能や狂言には珍しくない。現に第一四折本には、ここに「窓から下へ降りる」というト書きがあり、そのように演じられたことを伝えている。時間は、火曜日の早朝へかけて、1行に、「まだ朝には間があります、」また35行に「言うまにも明るさが増してくる。」などあり。

13　太陽の吐く光り物——光り物、原語は meteor. 単に今日の流星ばかりでなく、夜空の発光現象をひろくこう呼んだ。そしてそれは太陽が昼間地面から吸い上げていたものを、夜間吐き出すことによって起るものと考えられていた。

31　雲雀と、あのいやなヒキ蛙とが、眼を取り替えっこ云々——醜いヒキ蛙が美しい眼を持ち、一方声の美しい雲雀が醜い眼をしているところから、それは両者が眼を取り替えっこしたものという意味の民間傳承、古謡があったともいうが、明らかでない。とにかくここでは、二人が別れなければならない憎らしい歌を唄う雲雀の声が、美しいのは心外。それならついでに、いやなヒキ蛙と声も取り替えっこしていてくれたらよいのに、との意ならん。

34　憎らしい後朝の歌——原文は hunts-up. もともとは朝、猟人たちを呼びさますための歌のことであるが、それが転じて、新婚の妻をその翌朝、新床の窓下で甘味な眠りから驚かせる意地悪い歌のことにもなる。ここは明らかに後者の意ならん。

59　〔退場〕――このままついに、再びロミオとジュリエットは相見ることがない。解説二四九頁以下参照。

67　キャピュレット夫人登場――ここから舞台は、ジュリエット寝室内になる。

85　それも私のこの手の及ばないところにね――表面はティボルトの死をなげくようで、内実は追放になったロミオのことを言っている。

230 95　あの人のこと――これもまたティボルトを指す如くで、実はロミオのことをいう。

ええ、何でございます？　――乳母が「地獄へ落ちてもかまわぬ、」と言ったのに、ジュリエットから「そうねえ、ほんとに。」と応じられて、狼狽して問い返したもの。

第四幕第一場

引幕を開いて内舞台。火曜日の午後らしいが、特に時間の明示なし。ただ次の場で、ジュリエットの庵室訪問が午後であったことが推測される。

24　こちらにはお隠しにならないで――本行の「こちら」と、次行の「あの方」が原文ではいずれも him なるため、パリスには僧ロレンスととれるように聞え、心ではロミオを愛していることを告白せるもの。アイマイさが狙い。

36　ないといえば、私のものではない――つまり、ロミオのものだということを、わからぬように言ったもの。

83　納骨堂――当時は死人は土葬し、しばらくして腐れ終ると、骨だけ掘り出して納骨堂に集めておいた。

第四幕第二場

引幕を閉じて外舞台。時間は火曜日の夕方。38行に「もうすぐ日が暮れます、」とあり。なお以下第五場まで、連続して内外舞台の巧みな利用を見よ。

6　指を嘗めぬはコックでねえ――古く「よいコックは指を嘗める」、「指を嘗めぬコックによいコックはいない」との意の諺があった。指を嘗めるのは、むろん味を見るため。

22　早速明朝にも――唐突だが、キャピュレットは何かの理由で結婚式を一日くり上げ、水曜日に変更したものらしい。それともあるいは作者の不注意か？

35　木曜日で沢山――22行の変更をキャピュレット夫人は知らないものか？　それも不自然だが、とにかくこの辺に時間の矛盾がある。

36 〔ジュリエットと乳母退場〕——これは引幕の間から内舞台へ退場。幕の中の内舞台をジュリエットの寝室の心。したがって終りのキャピュレット夫婦の退場は、外舞台入口から。

第四幕第三場

引幕を開くと内舞台。寝台を置いて、前場36行でジュリエットが引き取った寝室の態。時間は火曜日夜。12行「じゃ、お休み、」とあり。

45 曼陀羅華の悲鳴——mandragora という薬用植物。朝鮮人蔘のように人体に似た根の形をし、これを抜く時、異様な叫びを発し、聞くものは気違いになると信じられた。

第四幕第四場

前場の終りで、ジュリエットが寝台に倒れ伏すと、引幕を閉じる。すると再び外舞台が元の広間の心。時間は水曜日早朝。4行に「明けの鐘も鳴った。もう三時だぞ。」などあり。但し最後の数行で、急に時間の進行していることがわかる。

5 アンジェリカ——唐突なれど、キャピュレット夫人の名と解するのが普通。一説に、乳母の名ととる人もある。

11 猫好き——原文は「鼠を追うもの」(mouth-hunt)。鼠は女の愛称。

第四幕第五場

引幕を開くと、内舞台が再びジュリエットの寝室。第三場のつづきで、ジュリエットはそのまま寝台に眠っている。ただ時間は経過して、水曜日の朝。

81 マンネンロウの花——「忘れずに」という花言葉をもった香りの高い灌木。したがって結婚式や葬式に使われる。第二幕第四場176行「ローズメリ」に同じ。

96 〔乳母一人を残して……一同退場〕——一同、眠っているジュリエットにマンネンロウの花を投げ、最後に引幕を閉じ、ジュリエットを隠して退場する。

100 ピーター登場——このト書き、第二四折本には「ケンプ Will Kemp 登場」とある。ケンプはシェイクスピア時代の有名な道化役者、即ち、そのケンプが出て、以下この場の終りまで、観客を喜ばせたものと思う。あたかもわが能の間狂言に似て、当時の劇によく出る慣習の形式。同時に次の第五幕への時間の経過を示すことにもなる。

116　ド、レ、ミ、ファ、ソのガンといこう——すぐ前の「調子外れの云々」から、かなり原文とは遠い。例により参考に原意をあげておくと、すべて音楽用語に関連したシャレで、「俺は（一）気分、気まぐれ／（二）音符（crotchets）は真平、我慢はできぬ。貴様をレ（re）にし、ファ（fa）にしてくれる。どうだ。（一）わかるか？／（二）音符に書くか？（note）」

125　糸ピン殿……弓八殿……琴柱殿——原文は順次に、Simon Catling（羊の腸を乾してつくったヴァイオリンの糸）、Hugh Rebeck（三絃をもった胡弓の一種）、James Soundpost（ヴァイオリン胴の中にある音柱のこと）

第五幕第一場　引幕を閉じて外舞台。後半では、引幕の中が薬屋の店の心。したがって57行で、薬屋は引幕の間から登場する。時間は一日経って木曜日らしい。

第五幕第二場　引幕を開いて内舞台。もっともアクションは、訪れてくる僧ジョンと、外舞台でも進行したであろう。時間は、24行にジュリエットの覚める二三時間前らしいから、明らかに木曜日夜。

第五幕第三場　はじめ引幕を閉じて外舞台。ちょうど引幕がキャピュレット家廟所の正面という心持で、47行〔墓を開く〕という卜書きで、ロミオ自ら引幕を開けるのが、廟所をこじ開ける心。以下216行までは全舞台。内舞台が廟所の地下の墓場のつもり。216行で再び引幕を閉じ、終りまで外舞台。時間は木曜日の深夜から金曜日の早朝にかけて。

83　高窓——建築用語では「頂塔《ランタン》」と呼ぶ、塔や円塔《ドーム》の頂きに採光のためにつくる小塔。「頂塔」では読んではわかるが、耳で聞いてはわかりにくいので、かりに「高窓」としておいた。

216　この兇行の跡は、閉ざし隠しておくがよい——ここで廟所の入口を閉じる心で、引幕を閉じ、内舞台の三つの死骸を隠す。

解説

シェイクスピアの生涯

シェイクスピアについては、一通の手紙も一行の日記も残っていない。その他いろいろの理由もあって、シェイクスピアの実在を否定する説は今日なお絶えないが、ここではそのような議論は一切しばらく措き、かりに実在したものとして簡単に伝記を記しておく。

詩人に関する絶対確実な資料といえばそれはきわめて乏しい。一五六四年、イングランド中部の小さな町ストラットフォード・オン・エイヴォンに生まれた。父はジョン・シェイクスピア、裕福な半農半商で、一時は土地の名誉職などにもついている。母はメリー、これは付近の名望家の出であった。詩人は第三子、長男として生まれている。一五八二年、十八歳と七カ月で、アン・ハザウェイなる女と結婚している。女は二十六歳、たいへんな年上である。結婚後六カ月で長女が生まれている。

少青年時代のことはそれ以上ほとんどわからない。その次は、彼の名は突然一五九二年、ロンドンに現われる。そしてその時はめざましい新進劇作家俳優としてである。同年、先輩劇作家の一人であるロバート・グリーンなる男が書いている一文の中に、シェイクスピアが劇壇に大きな脅威を与えていることが記されている。要旨は、彼がすばらしい万能才幹の持ち主であること、先人作の摂取、換骨奪胎に驚くべき妙をえていること、そしてしかも恩知らずの「成り上り鳥」と罵倒されているのである。だが、それにしても一五九四年頃までは、まだ先輩作家にキッド、マーロウという大物があり、彼はその下について、作品も習作的作品以上に出ていない。むしろこの時期には、劇作のほかに二つの瑰麗な物語詩を書き、これを某の貴族に献呈して、その眷顧をもとめている。これは当時の詩人、文人として、絶対に必要な生存条件ともいうべきものであり、彼は見事にそれに成功している。

一五九四年頃、「ロミオとジュリエット」を出してから、ようやく真骨頂を発揮しはじめ、九七年頃までにつづいて「夏の夜の夢」、「リチャード二世」、「ヴェニスの商人」等の佳作を出している。ついで一五九九年末、一六〇〇年はじめ頃までは、劇壇における声望としては、先輩作家はほとんどすべて去り、新進作家はいまだ起らず、おそらく得意の絶頂であったろう。故郷に相当の土地屋敷を買い求めて安住の地を用意したのもこの時期である。作品においても老騎士フォールフタフで高名な「ヘンリ四世」をはじめ、「ヘンリ五世」、「お気に召すまま」、「空騒ぎ」、「ジュリアス・シーザー」等の最も円熟した作品を残している。次の一六〇〇年から一六〇七年頃まで、即ち日本流に算えて三十七八から四十三四まで、この時期こそが彼の名と切り離すことのできない地球座に拠って、あの四大悲劇「ハムレット」、「オセロ」、「リア王」、「マクベス」をはじめとして、「アントニーとクレオパトラ」、「コーリオレイナス」の如き、ギリシャ古典悲劇とともに世界演劇史上最高の悲劇を矢つぎ早やに産み出したのであった。この時期のシェイクスピアは、なにか彼の胸底深く醞醸していた暗い地熱的パッションが、あたかも地隙を破って一気に迸り出したかに見える。したがって一面に悲劇精神はその最高の表現に達しているとともに、他面には劇的形式の均整は奇怪なまでに破壊しさられている部分もある。そしてこの期の喜劇は、ほとんどすべて異様な苦渋にみちた失敗作であった。なおこの頃からはベン・ジョンソンをはじめ新進の好敵手が次々と輩出し、その名声は彼等との間に、今日想像されるほどの冠絶はなかった。

一六〇七年頃からは舞台も退き（因に俳優としての彼は一貫して平凡の域を出なかったようだ）、ロンドンを去って故郷に隠棲していたらしい、というのが最近の定説である。なおしかし数篇のいわゆる悲喜劇なるものを物し、一六一一年初演された「あらし」はこの種作品の最も佳品であるが、これを最後に筆を折ったらしい。日本流に数えても五十に幾年かを残している。家庭はその後一男一女をもうけ、長男は早世し、二女はそれぞれ嫁した。詩人自身は一六一六年四月二十六日妻に先立って故郷で死んだ。

彼の作品は、生前十四作が四折本として出版されていたが、これは善本、悪本さまざまである。一九二三年かつての同僚俳優二人の手によって最初の全集が出た。いわゆる第一二折本である。本文批評の余地は多いが、今日までやはり定本の基礎になっている。

エリザベス劇場

演劇というものは、常に劇場のメカニズムによって形式が決定せられる。古典ギリシャ劇の形式を決定したものは、ある意味でギリシャ劇場並びにその舞台構造であり、同様にカブキ劇の形式を決定したものは、わがカブキ劇場の構造である。したがってシェイクスピア劇を正しく理解するためには、絶対にエリザベス朝劇場に関する一応の予備知識が必要になる。シェイクスピアを現代の西欧式プロセニアム舞台の中で理解することは、もちろん芸術はそうした外的条件を超越した万代的なサムシングを含むものに相違ないから、不可能ではないが、とんでもない独り合点に陥っている危険がある。その考慮から、簡単にエリザベス朝劇場のメカニズムの特徴を書いておく。

ロンドン、したがってイギリスに常設劇場というものは、シェイクスピアの生まれた時には一座もなかった。彼の少年時代の一五七六年にはじめてできた。その後相ついで建ち、多い時は十座前後に及んだが、しかも一六四〇年には清教徒革命によって全座閉鎖の憂目にあい、七十年足らずの短命で、エリザベス劇場様式は滅んでしまったのである。（一六六〇年以後、劇場は再び開かれるが、この時はもう新しい大陸式劇場形式が支配的で、エリザベス劇場形式の復活にはならなかった。）さて、エリザベス劇場の主なる特徴を並べてゆくと、

I　小劇場、即ちテアトル・アンティームであったこと。劇場の外形は円形乃至八角形、まれに四角形もあったが、いずれにしても小さかった。ある劇場（早大演劇博物館の原形）の大きさが、外廻りで八十フィート平方であったと判っているから、内部の大きさは今日のあまり大きくない寄席程度と思えば間違いはない。それに後にもいうが、ほとんど無背景の舞台であったので、そこでどういう結果が起ったかといえば、俳優の口を通して聞くセリフが圧倒的に重要な要素であった。「言葉、言葉、言葉」の劇場であった。「ハムレット」の劇中劇の場で、観客の一人ハムレットが「芝居を聴こう」Let us hear the play というが、この通り見物ではない、聴衆だったのである。こうした小劇場なればこそ、シェイクスピア劇の詩に耳を傾け、実に微妙な一行一語が人間心理の細かい陰影を展開してゆくのが理解できたのであった。かつての寄席があの見事な話術の妙を発達させたのと同様である。だからして十九世紀以後、大劇場でシェイクスピア劇を上演するようになって、一面には誤り伝えた点も大きい。一行一語のニュアンスが実に大切なのである。

II　太陽光線の劇場であったこと。劇場は舞台上だけには屋根があったが、平土間の上は青空であった。だから雨の日は芝居はできなかった。そこで当時は深夜の真闇な場面でも、太陽の光のサンサンと注ぐ中で演ぜられたのである。シェイクスピア劇を読むと、必ず場面の最初の方に

昼だか、夜だかを告げるセリフがあり、時には長々とその叙述などあるのはすべて必要が生んだものである。わが国の能楽を連想すればよい。

Ⅲ ほとんど無背景であったこと。これも能と同様で、きわめて暗示的な道具を二三出す以外、今日の書割などは全くない。椅子と机が置いてあれば室内の場、多数武装して登場すれば戦場、二三本の立木を持ち出せば、それで結構全舞台森林になる。だから、ここでも書割の代りはセリフの形式で、詩的叙述が立派に代用する。リア王が荒野で暴風に悩むところなども、すべて観客は心眼で髣髴したのである。

太陽光線の劇場といい、無背景といい、これらの条件は当然観客に強度に想像力を要求した。劇的効果の大部分は観客の心の眼に訴えかけていたのである。そしてこのことは当然散文による写実劇でなく、浪漫的な詩劇の発達を促した。現在のような写実的書割の舞台では、ややもすればシェイクスピアの詩美は余計物のようにも見え、そうでなくても観客に無視されがちになる。言いかえればエリザベス朝観客は、一切の夾雑物に注意を散らされることなく、セリフの陰影に一心に聞き入ったのであった。

Ⅳ 舞台前面の幕がないこと。今日の観客は、東西ともに幕の開閉によって場面の始めと終りを知る。しかしエリザベス劇場には、今のような舞台と観客席とを絶縁する幕というものはなかった。これも能舞台同様、観客は、入場すれば直ちに剝き出しの舞台を見ているわけであり、人物が登場してはじめて開幕を知るのである。だから場毎の切れ目は、登場人物がすべて退場すれば場の終りと理解した。舞台上の死人は原則として「ハムレット」の最後のように、担ぎ出されるようになっていた。従って前項無背景の条件と相俟って、場面の転換は至極簡易であり、そこで十行前後の短場面や、場数をいくらでも増すことができ、「アントニーとクレオパトラ」のように、全曲四十幾場というような戯曲もできた。この幕のないということは、芝居と観客との距離を近づけ、劇場全体を一つの雰囲気に融合させるのに役立った。

V　女の役はすべて少年俳優が扮したこと。大切なことは女優というものがいなかった。（女優が生まれるのは一六六〇年以後。）といってカブキのような女形なるものも存在しなかった。したがって女の役は、声変り前の少年が扮することになっていた。このことはシェイクスピア劇に女の登場人物が比較的少ないこと、少年俳優のことだから、美貌可憐ではあろうが、演技力はなんとしても不足なところから、シェイクスピアの女主人公たちが、オフェリアにせよ、デズデモナにせよ、積極的よりもむしろ消極的な役柄を与えられていること（尤もマクベス夫人、クレオパトラなどは積極的、支配的性格だが、おそらく例外的に傑出した少年俳優が現にいて、それに書き下されたものと推される）、また女が男装する筋が非常に多いが、それはきわめて当然であったことなどを物語る。その上に、このことも写実劇を発達させなかった一つの理由に相違ない。

VI　エリザベス朝舞台の特殊性。エリザベス朝舞台は、一口に言えば三つの舞台の組み合わせであった。第一は外舞台(Outer Stage)、一名プラットフォーム。第二は内舞台(Inner Stage)、第三は二階舞台（Upper Stage)、一名ギャラリーである。まず外舞台は、次頁挿図にも見るように、不釣合なまでに大きく、これが平土間観客席の中央あたりまで突出している。次には内舞台だが、これははるかに小さく、外舞台の奥に引込んでおり、その境界には開閉自由の引幕がある。内舞台の真上が二階舞台であり、これも必要に応じて使用される。外舞台は通常屋外の場面、特に場所の指定のない場面、内舞台は小室、寝室、洞穴、墓所などの場面、二階舞台は「ロミオとジュリエット」の例の露台、都市の城壁などの場面と、それぞれ暗黙の約束があり、さらに引幕を開け切って、全舞台を一場面に使用することもある。大広間、戦場、大森林などの場面

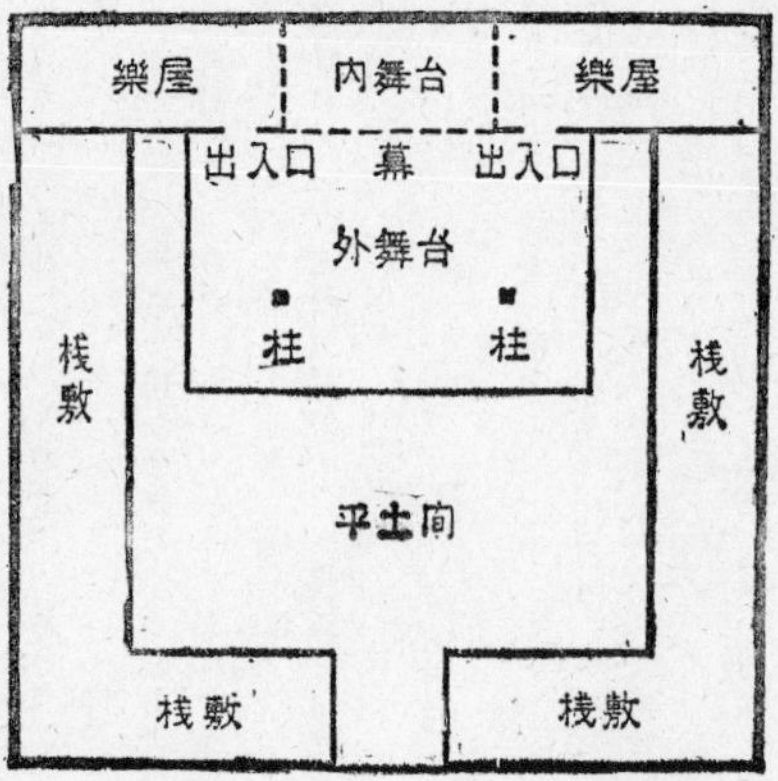

樂屋
内舞台
樂屋
出入口
幕
出入口
外舞台
柱
柱
桟敷
桟敷
平土間
桟敷
桟敷

である。以上三つの舞台を立体的に組み合わせ、しかもそれを四種類の約束場面に自由に、交互に間断なく使用できるため、さらに無背景という好条件も加わって、あの数多い舞台転換を少しも劇的感情の中断なしに、流れる如く進行させることができたのである。セリフのテンポも今よりはよほど早かったらしいが、それにしても普通二時間で演了されたというのは、これらの条件なしでは不可能である。

最後に今一つ、この舞台構造の長所は、外舞台の突出のため、観客が舞台を三方から囲んで見るようになっていること。したがって舞台は彫塑的に鑑賞され、今日のように絵画的ではなかった。そしてまたこのために演技が観客の中に突き出され、「第四の壁」を通して別の世界をうかがっている近代劇とは事変り、演劇として最も重要な舞台と観客との親炙《しんしゃ》が十分に達成せられたことである。

ロミオとジュリエット

古刊本　いわゆる古刊本テキストは、ほぼ五種類の「四折本」と一種の「二折本」とがある。一五九七年の「第一四折本」、一五九九年の「第二四折本」、一六〇九年の「第三四折本」、年代不詳の「第四四折本」、一六三七年の「第五四折本」、及び一六二三年の最初の全集「第一二折本」に収められたテキストがそれである。これらの中資料的に重要なものは、第一、第二の四折本であり、ついでは「第一二折本」であり、その他のものは、いずれもそれぞれ単に前版の再版に過ぎなく、テキストとしての価値ははるかに落ちる。

「第一四折本」は、とにかくこの悲劇がはじめて活字になったものとして、見逃すことのできないのはいうまでもないが、ただこれはいわゆる盗刊本《パイレイト・エディション》と呼ばれる悪本の一つで、つまり原作者ないし劇団の許諾なく、したがって忠実に原稿に拠ったものではなく、おそらく何等かの手段で入手したほんの一部の書抜きや、観客席に入り込ませた速記者の盗稿や、その他観劇時の印象、記憶などを綴り合わせて刊行したものであることは明らかである。これに対して「第二四折本」こそは、いろいろな理由からシェイクスピア自筆の原稿、しかもそれは「第一四折本」以後明らかに作者によって補訂改修を経た原稿に拠ったものであろうと推定され、いわゆる善本として、今日われわれの有っている形での「ロミオとジュリエット」の根本的基礎になっている。(「第一四折本」の不完全さは、単にその量の点からいっても、「第二四折本」が三〇〇〇行を越えているのに反して、「第一四折本」は約二二三〇行、つまり四分の三にも充たないのである。)

もっともかくいえばとて、「第一四折本」が全く無価値だというのではない。むしろそれどころか、たとえば「第二四折本」が善本であるといっても、そこには印刷上の誤植、明らかな原稿の誤読など相当にある。それらの欠陥は、かえって「第一四折本」との校合によって正しい訂正がえられる場合が少なくないし、第二には、上述のように、多分に観劇の印象に忠実に編纂されたテキストだけに、通常当時の脚本原稿には書き入れられることのなかった詳細なト書きが数多く挿入され、これが劇の正しい理解に有益な鍵になることが屢々である。本訳本中にもそれらの一部は取り入れたが、二三の例をいうと、たとえば第一幕第四場の終りに当たるところには、「一同舞台を一周する、と召使たちナプキンを持って出る」というト書きがある。これは即ち原作当時の上演では、ここはロミオ以下仮装者が退場して、新しい場になるのでなく、太鼓を先頭にして仮装者たちが大きく外舞台を一周すると、これがキャピュレット家への道中という体で、一方舞台正面の方は、召使たちが登場すると、そのままキャピュレット家に移った心で、やがて一同一周して元へ来ると、目的のキャピュレット家へ到着、主人側の出迎えになって、劇は中絶なく第五場へと連続的に進行したものであることがわかる。その他第三幕第三場、ロミオが自殺しかかるところで、「自殺しようとするのを、乳母その短剣をもぎとる」とあったり、第四幕第五場、仮死状態のジュリエットを発見して、一同の愁嘆場で、「一同ワッと泣き出し、手を振り絞る」、また「一同、ジュリエットの身体にマンネンロウの花を撒き、内舞台の引幕を閉じて退場、乳母一人残る」とあったり、さらに、最後の第五幕第三場で、はじめパリスが出て、「墓に花を撒い」たり、同じくあとで僧ロレンスが決闘の跡に登場して闇さのあまり、「身を屈めて、血の痕と武器とを見つける」とあったりするなど、劇としての理解に資すること小さくない。あとは省略するが、この種の貴重なト書きが少なくも十数ヵ所はある。

初演年代と執筆年代　前記のように、「第一四折本」の出版されたのは一五九七年である。ところが同書の扉には、さらに「本劇はハンスドン卿（Lord of Hunsdon）お抱え一座によって再三上演せられ、大好評を博せしもの」という言葉がある。ハンスドン卿というのは父子相ついでエリザベス女王の侍従卿（Lord Chamberlain）で、かつシェイクスピアの属した劇団のパトロンであったわけだが、それが一五九六年七月に父のハンスドン卿ヘンリ・ケアリが死んで、翌一五九七年四月に子の同じくハンスドン卿ジョージ・ケアリが再び侍従卿に任命された。したがってこの劇団が「侍従卿お抱え」を名乗ることができないで、「ハンスドン卿お抱え」と称せざるをえなかったのは（現に一五九九年の「第二四折本」ではすでに「侍従卿お抱え」になっている）、以上の一五九六年七月―一五九七年四月の十ヵ月間にすぎない。そこで「ロミオとジュリエット」の最も早い上演の一つがこの時期になされたものであることは絶対に確実だといってよい。しかし一面、果たしてそれが厳密に最初の書卸し上演であったかどうかということになると、「再三上演せられ」というような文句もある手前、容易に断定は下せない。むしろ今日では、初演はもっと早くに溯るものと通常考えられている。

最も早い年代推定には一五九一年説がある。根拠は第一幕第三場23行、乳母のセリフに「あの地震がございましたっけが、あれからちょうど十一年になりますんでね」とあるに拠るもので、この地震を実際に一五八〇年四月六日英国に起ったそれであるとし、それから十一年後の一五九一年を主張するものであるが、これはあの乳母のセリフの中にこうした事実性を信ずること自体が問題であるとして、今日ではほとんど顧みられない。しかし「第一四折本」のいわゆる「大好評」云々は必ずしも誇大宣伝ではないらしく、一々煩雑な考証は省略するが、この悲劇に言及したと思われる当時のバラッド、格言風の章句などが相当あるが、それらはいずれも一五九六年より多少以前の初演を推定させるものが多い。また他方この悲劇が、詩人の、大きく言って初期の作品に属し、さらに初期の作品群中にあってはようやく後年の円熟さの一端を示しはじめたものであることは、内的証拠によってまず明らかだといってよい。(一) 溢れる詞藻にまかせての、時には不自然なまでの地口、洒落、奇想、修辞のための修辞等の濫用。(二) 詩形的には押韻、交互押韻の多量、そしてとうてい後年の自由無碍な無韻詩の妙はまだ見られないこと。(三) 作劇術の上でも、まだ初期作品の特徴であるロマネスク芸術の左右斉整《シンメトリー》を窮屈なまでにまもって、融通自在の趣はない。*(四) イメイジの点で、詩篇「ヴィーナスとアドニス」、「ルクリースの凌辱」、「ソネット」などに共通するものがきわめて多く、全篇にわたって豊麗な抒情詩的情調の横溢しているのはこの悲劇の大きな特徴であろう。ある意味で劇的であるよりは、抒情詩的である。(五) 一五九〇年代の前半は、英文学で愛を主題とするソネットの流行が頂点に達した時期であるが、この悲劇が最も純粋に愛の悲劇であるばかりでなく、第一幕及び第二幕冒頭の序詞、あるいは第一幕第五場ロミオとジュリエットがはじめて言葉を交わす応答が、いずれも典型的なイギリス型（シェイクスピア型）ソネット形式になっていることに注意。さらにまた第三幕第二場冒頭のジュリエットの長独白には祝婚夜曲の、同じく第三幕第五場冒頭の佳人別離の対話には後朝歌《ターゲリード》の、それぞれ中世抒情詩の伝統が忠実にまもられている。

そうした諸点から、この作が一面においては詩人修業時代の諸作と種々共通点をもつ半面、すでに「恋のむだ骨折」や「タイタス・アンドロニカス」などの段階からはるかに円熟期に入っていることを認めないわけにはゆかない。そんなわけで、現在のところ、確証はあがらないが、だいたい一五九五年頃に書かれ、同じく初演されたものであろうというのが、最も妥当な推定として受け容れられているのである。

後述もするように、「ロミオとジュリエット」にはイタリア文学の影響が相当に濃いが、その一つとして作劇術上の左右均整《シンメトリー》がきわめて素朴に遵守されている。そしてこれは彼の初期作品の一つの特徴でもある。展示部にあたる第一幕第一場を見よ。最初キャピュレット家の二人侍サムソンとグレゴリが出ると、次にはモンタギュー家の同じく二人侍エイブラハムとバルサザーが出る。つづいてキャピュレットの甥ティボルトが出ると、すかさずモンタギューの甥ベンヴォーリオの登場になる。さらにつづいてはキャピュレット夫婦にモンタギュー夫婦、そして最後にはピラミッドの頂点のように、領守太公が出て両者の対立をおさめるという形で、あたかも左右対称の幾何学図形にさえ似ている。「恋のむだ骨折」を見よ。三人の廷臣を率いた王に対するものは、三人の侍女を率いた女王である。「ヴェロナの二紳士」ではヴァレンタインに対するプローチュス、しかもいずれにも道化的従者がついている。「間違いの喜劇」では双生児の主人に双生児の召使等々と、左右対称的な構成は初期作品に著しい。

素材　直接にはアーサー・ブルックの物語詩「ロミュスとジュリエット」（一五六二年）というのに拠ったものであること一点疑いないが、この物語詩が出るまでの原作の由来には、かなり複雑な経路がある。

第一に、仇敵同士の両家の間に宿命的な恋が萌し、ために悲劇に終るという話は世界とともに広く、歴史とともに古いものだから一切省略するとして、次には、眼目の眠り薬によって進まぬ結婚を免かれるという主題と、これがどうしてもモンタギュー、キャピュレット両家の確執に結びついたかに、原作成立の歴史がある。第一の眠り薬による結婚回避の主題は、すでに古く紀元四世紀頃？　のエペソスのクセノファネスという文人の物語集に、アブラコマスとアンチアの悲恋として出ており、次には十五世紀のイタリア人、サレルノのマスッチオなるものの著した物語集に、シエナに起った悲恋物語として再話されているそうである。他方、モンタギュー、キャピュレット両家の確執もまた歴史上著名なもので、そのことはダンテの「神曲、煉獄篇」第六歌にまで、それぞれモンテッキ、カッペルレッティの名によって出ているくらいである。そこでこの両家の確執に絡まるロミオとジュリエットの悲恋なるものは、最初は全く空想から出来上がった伝説らしいが、後にはあたかも史実であるかの如く信じられるようになり、間もなくついに第一主題と結びつけられることになるのである。

そしてそれを最初に物語化したのが、やはりイタリア人ルイジ・ダ・ポルタの「二人の高貴なる恋人の物語」（一五三〇年出版）であった。舞台もすでにヴェロナ、主人公たちもそれぞれロメオ、ジュリエッタとなっている。大体ここで話の形はできているが、重要な相違は、乳母がまだ出ないこと、最後にロメオが息を引き取る前にジュリエッタが眼を覚まし、二人の対話があり、その後に両人相果てること、ロメオの追放までに新婚の幸福が多少あること、パリス伯爵の名前が違うこと等である。

この頃から、この素材を材料とした詩あるいは劇は俄かにふえているが、直接シェイクスピアに関係ないものは一切省略するとして、次に挙げなければならないのは一五五四年に出た、これもイタリア人マッテオ・バンデルロの「小説《ノヴェルレ》集」に収められたもの（第二巻第九巻）である。ここにいたってシェイクスピアへはいよいよ近くなる。即ち、ダウデン教授が要約している分析を借用すれば、「(一) ロザラインに相当する冷血なる女性への片思いの件ははっきり具体化する。(二) ベンヴォーリオに相当する年長の友人が、ロミオのために他の美人を見ることを勧めること。(三) ロミオが仮装して、キャピュレット家へ入りこむこと。(四) パリス伯爵の名がはじめて出る。(五) 縄梯子のこと、これもはじめて出る。(六) ジュリエットが眠り薬をひとり寝室で飲むこと。(七) 僧ロレンゾ (ロレンス) の使者、伝染病のために手紙を渡し損うこと。(八) 今日見る如きすばらしい性格描写においてではないが、とにかく取持ち役としてはじめて乳母を創造したこと。」つまり道具はまずほとんど出揃うのである。しかしなおシェイクスピアは直接バンデルロに拠ったのではない。そしてバンデルロのこの悲話は、その後まもなく一五五九年、フランス人ピエール・ブアトーによって仏訳、「悲　話　集《イストアル・トラジーク》」の中に収められて出版された。しかし翻訳とは言い条、訳者は第五幕第一場の毒薬入手の経路をはっきり薬屋と改変するとか、さらに最も重要なことは大団円《キャタストロフィ》のジュリエットが覚醒した時にはロミオはすでに息絶えている。そこで絶望のあまり、ロミオの短剣をもって自刃するという、シェイクスピアの悲劇通りの最も厳しい悲劇的結末をはじめて創り出したのは、実にブアトーだったのである。

ブアトーの仏訳は、さらに矢つぎ早やに二種類の英語版を生んだ。アーサー・ブルックの韻文訳「悲話ロミユスとジュリエット」(一五六二年) 及びウィリアム・ペインターの散文訳「ロミオとジュリエッタ」(一五六七年。翻訳小説集「歓　楽　宮《パレス・オブ・プレシャ》」に収められた。第二巻第二十五話) がそれである。ここにはじめてシェイクスピアと直接の関係が生じるのであるが、詩人はこの両者ともに読んでいたことは疑いないにもかかわらず、少なくとも直接原話として使用したものがブルックであることは、次に述べる諸理由によって一点疑念を挾む余地はない。(なおその他にも上記ブルックの序文によると、当時すでにこの悲話を取り扱った劇の存在したことを告げているが、脚本は現存せず、かつシェイクスピアとの関係もまず無視して差し支えないようである。）即ちその証左は、（一）エスカラス、モンタギュー、僧ジョン、フリータウン等の固有名詞は、ブルックとシェイクスピアとだけに共通するもので、ペインターでは、これらはそれぞれエスカラ、モンテスキズ、アンセルム、ヴィラ・フランカ等々になっていること。（二）第一幕第二場で、キャピュレットが召使に招待客の名前を書いて与える趣向は、ブルックにおいてはじめて現われるもので、ペインターはむろん、イタリア原話にも見られないこと。（三）ジュリエットの嬰児時代を語る乳母の饒舌の原形は、とにかくブルックには出ていること。（四）相当数個所の章句は明らかにブルックの遺響としか思えないということなど。（その最も著しい例は第四幕第三場、ジュリエット服薬前の長独白に現われる死後の想像であろう。）

そこで次には当然、ではブルックからいかなる詩人的改変が加えられたかということであるが、いったいブルックの「悲話」は四千行を越える相当長い物語詩である、事件も両主人公の見染めがクリスマスであるのにはじまって、パリスとの結婚は九月十日というので、悲劇の経過は約九カ月の長きにわたり、したがってロミオとジュリエットは秘密結婚の後、それでも一二カ月は幸福を享受するなど、進行が緩慢なだけに、物語詩自体の悲劇的効果もどちらかといえば冗漫といわざるをえない。まずこれをシェイクスピアは、わずかに五日間の、あたかも急湍の如く、幸福から悲劇へとまっしぐらに転落する激しい悲劇に変えたところに偉大なる成功があった。単に物語詩と劇との相違というだけでは片づけられないのである。シェイクスピアの作品中、「あらし」はいわゆる三統一の守られた作品として例外をなすが、これは悲劇でないからしばらく除外すると、彼の悲劇で劇的進行の最も急激なのは、通常「マクベス」、それについでは「オセロ」があげられる。だが、単に急進行というだけからいえば、本悲劇ははるかに急テンポである。第一幕第一場は日曜日朝九時で、その晩の見染めから忽ち忘我的な恋に落ち、翌月曜日午後には密かに結婚、しかもその一時間後にはすでに運命は狂いはじめ、火曜日の早朝には運命は両者を永遠に引き裂いてしまう。第四幕以後、進行はやや弛むが、それとても最後の悲劇は木曜日の深夜か、おそくも金曜日の味爽《まいそう》には一切を結末に導くのである。（シェイクスピアは、時期を七月にとっているが、改修の際不注意に原話の長い経過を残している個所が二三ある。たとえば、第一幕第五場26行「火も消してしまえ、これでは部屋が熱すぎる」とあるなどは、全く原詩では、見染めがクリスマス時節であったからにすぎない。（その他第二幕第四場174行で、乳母が、「パリス様なら、いい男振りじゃございませんかとね、私、時々お嬢様のお気に逆らって申し上げる」といい、また第三幕第五場238行で、今度はジュリエットが、「それこそ何千度と、あのロミオ様を途方もなくほめ上げたその舌で」というなどは、いずれもロミオないしパリスが彼女等に紹介されてから僅々一二日後の言葉だけに、理窟からいえばありえないわけであり、この場合にもシェイクスピアの想像の中には、一方には不用意に粉本ブルックの長い時間経過のことが残っていたものと考えられないこともない。）

次に重要な改変は、マキューシオと乳母という、シェイクスピア全作品中でも最も精彩ある二つの性格を創造したことである。詳しくは後段に再説するが、乳母もマキューシオも、ともにすでにブルックに出ることは出ている。ある意味ではその素描的輪郭は与えられているともいえなくはない。しかしいずれにしてもあの神彩奕々たる不朽の脇役に仕上げた霊腕はシェイクスピアの天才以外にはない。そしてブルックにおけるむしろ単調平板な恋愛悲話が、一躍にして人生に対する幅と深さと多様性とを背景とした愛の悲劇にまで高められたのは、一にこれら脇役のすばらしい成功によるといってよかろう。

ロミオとジュリエットの劇的興味　前出二つの訳書の解説では、それぞれ史劇論、喜劇論といったような理念論をするのはことさらに避けてきたが、本作品においてはむしろ逆に性格論、劇的構成論その他に入る前に、この悲劇に現われたシェイクスピアの悲劇の理念についてまず考察しておきたいと思う。

一、悲劇の理念について。詩人は第一幕冒頭の序詞5―12行の間で、次のように観客に告げている。

From forth the *fatal* loins of these two foes
　A pair of *star-cross'd* lovers take their life;………
The fearful passage of their *death-mark'd* love,………
　Is now the two hours' traffic of our stage.

(大意。仇同士という宿命的な両家の胎から、拙い運星の恋人二人が生まれ出ます。そして、いわば死に魅入られたような恋の始終、それがわれら相勤めます二時間の舞台であります。)

直ちに気のつくことは、わずか十四行の短い序詞の中において、fatal といい、star-cross'd といい、death-mark'd といい、実に三度まで、この恋の悲劇の宿命性が強調されていることである。しかも強調はそれだけでない。第一幕第四場には、再びキャピュレット家夜宴に臨むロミオの不吉な予感として、「今のところ、まだ運命の星にかかっているある大事が（some consequence yet hanging in the stars)、今夜のこの宴をきっかけに、怖ろしい力を働かせ出し」(107―108行）という言葉で反復強調されている。そしてさらに第五幕に入ると、今度は三度まで、即ち「運命よ、もう貴様など信ずるものか」(I defy you, stars! 第一場24行）と挑み、「今こ

その薄命な星の軛 (the yoke of inauspicious stars) を、…………振り捨ててくれるぞ」(第三場110—111行) と叫ぶロミオの言葉、あるいは僧ロレンスの憮然として語る「人間の力ではどうにもならない大きな力が、私たちの計画を阻んでしまった」(第三場151—152行) という述懐によって最後的に強調されているのである。いう意味は、少なくともこの悲劇に関する限り、シェイクスピアは悲劇の原因を、「人間の力ではどうにもならない大きな力」としての「運星」stars の中に求めている。後年彼が完成したような「性格こそが運命である」という意味での性格悲劇的なものは、ここにはまずほとんど見られない。ロミオと結婚してからのジュリエットにこそ、あるいはそのために悲劇的結末を早めたかもしれないと思われる積極的な性格的特徴の一端も見られなくないが、それとて特に言うほどのものではないし、ロミオにいたっては、恋に生き、恋に殉じた情熱の青年という以外には、仇敵のキャピュレットの口からさえ、「様子といい、なすことといい、立派な紳士だよ。…………ヴェロナの市でも、あれは身持ちも正しい、よく出来た青年だと言って、自慢にしているくらいだ」(第一幕第五場63—66行) と賞美されるほどの理想的性格ではあろうが、特に性格の中に悲劇原因そのものを内在させているというような鮮明な人間像ではない。以上のような理由で、この悲劇の焦点は、一に純情火の如き愛恋をめぐって、人間と人間以上の、そしてまた人間の外なるある不可測の運命との葛藤という点にあるといえよう。そしてその運命的主題は、ロミオが測らずもティボルトを刺殺する結果に立ち到り、今や運命の急転を直前にして、われともなく独語の如く呟く一言、「運命に玩ばれる馬鹿だったな、俺は!」(O, I am fortune's fool! 第三幕第一場126行) という一行に結晶されているのである。

だが、一面悲劇の原因が性格内部に存在せずして、外なる運命 stars に在るということは、シェイクスピアの他の諸悲劇に対して、一種独自の意義をこの悲劇に与えているともいえる。言いかえればこの悲劇の結末は、それがいかに人々の胸を打つ不幸な結末であろうとも、そこには他の、たとえば四大悲劇に代表される性格悲劇に見られる如き、深い贖罪的意識のようなものは残らない。つまりロミオにも、ジュリエットにも悲劇への責任はない。要するに彼等もまた「運命に玩ばれた馬鹿」だったにすぎないからである。しかも原因が内になくて、外なる運命の狂いにある以上、それさえなければ悲劇は一転して喜劇に終って少しも差し支えない。そういえばシェイクスピアは、この悲劇とほとんど同時期に最初の円熟した喜劇「夏の夜の夢」を書いているが、訳者は「ロミオとジュリエット」の裏返しが「夏の夜の夢」であり、「夏の夜の夢」の裏返しが、「ロミオとジュリエット」だと信じている。もし後者の運命の狂いがそのまま夏の夜の一場の夢ですめば、おそらくこれは最も美しい喜劇で終ったであろうし、反対に前者のさまざまな運命の狂いがもし現実化したならば、それはまさしく「夏の夜の悲劇」に終っていたろうと思えるからである。しかも悲劇とは言い条、これは南欧の盛夏、むせかえるばかりの抒情的恋愛の雰囲気と結びついて、死もまた美しといいたいほどの豊麗艶美な印象を残してくれるのである。そしておそらく初演以来、この悲劇の魅力はもっぱらこの点にかかっていたのであろうと思える。

「ロミオとジュリエット」が、初期作品の比較的おそいものに属することはすでに述べた。この作以前には、悲劇らしい作品としては「リチャード三世」を書いているにすぎないし、本悲劇後はまもなく「リチャード二世」を物し、以後ずっと悲劇時代へとつづくはずである「リチャード三世」の醜怪な悪魔的主人公については、一読忘れえない戦慄的印象を残すものではあるが、真の悲劇的性格としての高さに関しては疑問である。しかも一方「リチャード二世」においては、このハムレットの先駆的性格の中に、詩人は後年性格悲劇への途をすでにしっかり把んでいる。してみると、外在的運命の悲劇を強調し、しかも完全な青春情熱の燃焼の中に、ただ結末形式が悲劇的であるという以外、およそ人生の暗澹さとか、憂鬱とか、疑惑とかの影を微塵もとどめないこの奔放、豊麗な恋愛悲劇の存在は、けだし異色あるものでなければならぬ。

二、劇的構成について。ブルックの原物語詩から、本悲劇がいかに急テンポの進行へと改変を受けたかは、上にも触れたし、注解にも詳説しておいたつもり。したがって再説は一切省略するとして、ここではこの急湍の如き悲劇効果を徹底させるために、作者が間接的にもいかに周到な注意を払っているかを二三指摘するにとどめておく。第一に、少し注意深い読者ならば、この悲劇において、火薬の爆発といい、稲妻の迅速さという、どちらかといえば耳慣れぬイメイジが再三反復されていることに気がつくだろうと思う。その代表的なものは、しばしば引用される章句だが、ジュリエットがふと過度の幸福感に対する反省として、「無鉄砲で、軽率で、あんまり突然すぎますわ。なにかまるで稲妻みたい、あっ、光ったというまもなく消えてしまう」（第二幕第二場117―118行）という言葉、あるいはあまりにも性急なロミオに対して、僧ロレンスの与える戒慎、「激しすぎる歓喜というものは、とかく終りを全うしない、……あたかもちょうど火と火薬とのそれのように、触れ合う時が吹き飛ぶ時だ」（第二幕第六場9―11行）、また「（姿容や愛の飾りたるべきお前の理性もだ、もし間違って、それら両者の指導を誤った場合には）、これはもう未熟な兵士の薬入れに詰めた火薬同然、われとわが愚かさ故に火を発し、……みずから五体を粉砕しさるようなものだ」（第三幕第三場130―134行、その他火薬のイメイジはなお第五幕第一場61―62行にも出る）などであるが、稲妻といい、火薬といい、その激しさ、迅速さのイメイジによって、間接に企図する劇的効果への集注を計算している技巧の妙は見逃してならない。

なお同じく劇的印象の急テンポを確保するために、上記解説二二七頁で説明したような、エリザベス朝舞台特有の複式舞台、立体性を極度に利用、見事な連続的印象をつくり出している成功も、特にこの悲劇において著しい。注解にも詳述したが、念のために再説すると、まず第一幕第四場、第五場が連続一貫したものであることは、解説二三三頁に紹介した通り、「第一四折本」のト書きが証明している。次には第二幕第一場、第二場がこれまた一連続であることは、注解に記しておいた。また他方、今日第三幕第五場は、普通連続した一つの長丁場になっているが、仔細に分析すると、最初ロミオとジュリエットが窓から姿を現わすのは、二階舞台で、しかも彼女の寝室を外から眺めた心になっている。ところが42行、ロミオが別れの接吻をして、下へ降りてやがて退場すると、今度はジュリエットもあとを追って平舞台へ降りるが（64行）、注意すべきことは、ここから以下最後まで舞台は一変して、ジュリエットの寝室内部になっている。いいかえれば事実上内外二つの異なった場面が連続して演ぜられるのだが、エリザベス朝観客には、あたかも今日の映画観客が突如たるカットを怪しまないのと同様に、少しも不合理ではなかったのだと、ハリソンなどはいうのである。さらに最も見事な連続効果は、第四幕第二場から第五場にわたって見られる。即ち、外舞台がキャピュレット家の一室、そして内舞台がそれにつづくジュリエットの寝室の心で、第二場36行、ジュリエットと乳母が引幕から内舞台へ退場すると、これが寝室へ退いた心。次に、第三場1行、引幕を開けると、内舞台、つまり寝室でジュリエットと乳母が衣裳選びをしている。（流布本、ここに「ジュリエットと乳母登場」とあるのは、後世無理に場割をしたために生じた不合理で、正しくは舞台開くとすでに出ているのである。）やがてジュリエット一人になって、薬を飲み、内舞台に置かれた寝台に倒れ伏す。と再び引幕を閉じて、直ちに外舞台で第四場がはじまる。そして最後に、乳母はキャピュレットからジュリエットを起すことを命じられると、そのまま内舞台に向かって引幕を開く。（ここで流布本、「退場」とあるが、この下書き古刊本にはない。）そこで場面は再び元のジュリエットの寝室、即ち第五場に移り、以下仮死状態のジュリエット発見の騒ぎがあり、96行に至り、ここで再び引幕を閉じ、花を撒かれた寝台のジュリエットを隠して、最後まで外舞台ということになる。つまり第二場―第五場は、ほとんど連続的一場面に等しい効果をあげているのである。（第五幕第三場についても、興味ある舞台使用が見られるが、それは注解にゆずった。）

三、性格について。主人公が、ロミオとジュリエットであることはいうまでもない。だが、前述もしたように、この悲劇は主人公の性格そのものをめぐって展開するというよりは、むしろ南欧的な恋の情熱そのものが全篇を貫く中心である。言葉をかえていえば、前にはロミオの「諍《いさか》いながらの愛……愛する故の憎しみ……、ああ、そもそもが無から生まれた有……、心沈む浮気の恋……、大真面目の戯れ心、外目は美しい物みなのつくり出す醜い混沌……、鉛の鳥毛、輝く煙、冷い火、病める健康……、眠りとは呼べ、真実の眠りならぬ覚めての眠り……」という嘆息（第一幕第一場164―169行）、さらに後には同じくジュリエットをして、「麗しの暴君！　天使のような悪魔！　鳩の羽根をつけた鳥！　狼のように残忍な小羊！　……地獄の聖者、名誉高い大悪党！」（第三幕第二場76―80行）と呪わしめた、そうした非合理、自己矛盾の愛の情熱に、颶風のように翻弄されつつ、宿命的な死へと自からを駆りたてる美しい男女の姿そのものが、この悲劇の中心的興味なのである。したがって二人の主人公の性格像はむしろ理想化に急であっても、それ以上に鮮明な個性的造型は見られない。ロミオの場合においてことにそうであって、上にも引用した完全な青年紳士との讃辞以外、特に加えるものもないし、またそれでよいのである。同じひたむきに恋に殉ずる青年像にしても、ウェルテルに見られるような世紀の世界苦を背負ったというようなものも見られなければ、まして「マノン・レスコー」のデグルーの複雑な近代的陰影などはない。ただ華やかに、ただ明るく、咲いて散った南欧的情熱の花一輪にすぎない。

その点からいえば、むしろジュリエットの性格の方に今少し興味深いものがある。ジュリエットについては、原素材との関連において是非一言しておかなければならない点がある。彼女がまだ満十四歳に達していないことは、第一幕第三場12行、キャピュレット夫人の言葉によって明瞭だが、この彼女の年齢は直接粉本であるブルックでは「まだ十六にはならぬ」とあり、さらにペインターでは「まだ満十八になっていない」とある。それを十四に引き下げたのは、一にシェイクスピアの創造によるのである。(理由はわからないが、ただシェイクスピアの女主人公は、「ペリクレス」のマリーナがやはり十四歳、「あらし」のミランダが十五歳、また彼が明らかに影響を受けたマーロウの「マルタ島のユダヤ人」のアビゲイルがこれまた十四歳など、奇妙に幼い女主人公が珍しくない。推するに、理由は案外簡単で、即ち、単に当時は声変り前の少年俳優が扮したために生じたというだけの現象かもしれぬ。)ところで、この少女主人公は、ロミオと相見て恋を知るや否や、ロミオよりははるかに積極的であり、能動的である。ロミオを促して恋愛から結婚へと、着々と手を打ってゆくのもジュリエットであれば、パリスとの結婚を母親の前ではっきり「私、いやでございます」と言い切れるのも彼女、そして力なしと見れば、ひとり僧ロレンスを訪れて、あの眠り薬の詭計を進んで実行するのもまた彼女である。それでいてまた前後二つの露台の場面で彼女がもらす愛情の表現は、しばしば恋愛心理の極致を示している。(「ああ、ロミオ様、ロミオ様! なぜロミオ様でいらっしゃいますの、あなたは?」第二幕第二場32行、「私、怖い顔して拗ねて見せ、いや、と言ってもいいことよ。もっとも、そういえばきっと言い寄って下さることが条件よ、でなけりゃ、いや、絶対に」「同95—96行、同じく171行以後終りまで。第三幕第五場1—35行、等々)

前にも書いたように、特筆すべき性格はマキューシオと乳母であろう。ある意味で、この悲劇はこの二人の性格によってはじめて、シェイクスピア的な人生への深まりを示したということさえできる。ところで両者ともに、人物そのものは決してシェイクスピアの創造ではない、ちゃんと原話に原型がある。但しそれはマキューシオについていえば、ブルックにはただ「冷静なマキューシオ、どこでも人々から敬愛された、優雅な言葉使い、快活な機智、彼がうら恥かしい乙女たちの間に立ち交るさまは、あたかも獅子の仔羊たちの間にあるに似ていた」とあるにすぎないし、ペインターによってもこれまた、「今一人の紳士、名はマキューシオ、閑雅の紳士、すべての人々から愛せられ、その快活にして、しかも優雅な振舞いは、彼のふるところ常に彼を人気者にした」とあるにすぎない。この平凡、散文的な記述から、シェイクスピアのマキューシオの鮮明無比な性格へ、これを天才の霊腕と言わずして何を天才といいえようか。大きなオデコのヒョットコ面、しかも一度空想の国に遊べば想像の泉はコンコンと湧く（第一幕第四場53行以下、マブ女王の一節を見よ）。機智、頓智到らざるなく、深傷を負うて息を引き取るまで、啖呵を切ってシャレのめしている男。正義漢でもあり、潔癖でもあるが、さりとて彼にとって恋愛はあくまでも欲情だ。猥雑も敢えて辞せない彼である。とにかくおそろしくイキのよい男。訳者はふとわが花川戸助六を、そしてまたあの大鼻の好漢シラノ・ド・ベルジュラックを思い出した。凡才には絶対書けない人間である。

原型といえば乳母にもふる。ジュリエットの幼時を語るあの猥雑な饒舌（第一幕第三場）にさえ原型はある。だが、それはやはり「彼女は言った、子供の時からお可愛らしいお嬢様でした。それに、まあ、あのよく舌のお廻りになったこと」という程度のものにすぎないのである。それに対してシェイクスピアの乳母の生々とした人間味を見よ。猥雑で、無学で、色好みで、出鱈目で、たしかに徳目としては何一つ彼女に挙げるべきものはないかもしれない。それでいて彼女を貫いているものは、溢れるばかりの人間性である。「いわゆるアリストテレスの徳目などは何一つ具えないくせに、何人も彼を愛せずにはいられない」とフォールスタフを評したセイッベリの言葉は、ある意味でフォールスタフの前触れであるこの性格にも当てはまらなくはない。一異彩である。

その他の人物に至っては、「人生そのものの如く、」それぞれ実に多様性を示していることは流石であるが、この種簡単な解説で一々言及するほどのことはない。読者それぞれに性格印象をまとめればそれでよい。

四、結末の悲劇性について。だれしも直ちに気のつくことは、この悲劇の主人公たちは、全体のちょうど三分の二、第三幕第五場59行で別れると、ついに再び相会うことはないのである。第五幕第三場の再会は、ロミオの来た時はジュリエットはまだ眠っており、ジュリエットの覚めた時はすでにロミオは息絶えているという、まことに「不運な星に呪われた」という言葉がふさわしい悲劇的結末を告げるのである。ここで直ちに思い浮かべるのは、「リア王」におけるコーディリアの死であるが、こうした結末は読物ならばまだしも、これを舞台上に目のあたり見ることは、観客の感傷としてなんとしても堪え難いものがあり、そこに悲劇感の緩和を目的とする改作の要求が起るのは必ずしも不思議でないのである。最もこの結末の仕方は、これもシェイクスピアの独創ではない。原話の系譜にみても、ルイジ・ダ・ポルタ（解説二三七頁参照）までは、死の直前の対話があったのであるが、それをこのシェイクスピア型の結末に改変したのはバンデルロであり、その後それが踏襲されて本作品にまで及んだのである。

由来は上述の通りであるが、果たして舞台上直接視覚に訴える劇としてはやはり堪え難かったものの如く、その後十七世紀の劇作家トマス・オトウェイが翻案を試みた時も、あるいは現在行われるグノーの歌劇「ロミオとジュリエット」に至るまで、死直前の対話を復活させている。ことに広く行われたのは十八世紀の名優であり、劇作家でもあったディヴィド・ギャリックの改作で、あの地下の墓でジュリエットが目ざめ、あと御約束通り、すでに服毒後のロミオと相抱擁して語りながら、二人ともに相次いで息絶えるということにして、大変な愁嘆場六四行を挿入して、一般観衆の感傷に応えているのである。これについでダウデンは、ブルックに従ったシェイクスピアはこうした結末の在り方について知るところなかった。もし知っていたならば、すばらしい詩的昂揚の美しさを示す一場面を残していただろうと惜しんでいるが、しかしほとんど同じ確率をもって、あの「リヤ王」をわざわざ悲劇的結末に変えた彼でもあり、またどこまでも市民のための詩人劇作家でありながら、しかも決して俗衆の感傷に媚びることはしなかった彼の場合、現在の結末こそむしろより高い悲劇感の昂揚を示す結末であるともいえるのではあるまいか。

五、翻訳について。最後に、本訳書に限って、特にこの一項を加えさせてもらう。訳者はこの訳に決して満足していない。満足しないどころか、訳出中、一時は絶望して中止しかけたほどであった。理由は、この悲劇が初期作品の常で、措辞、修辞が奔放をきわめている上に、不必要不自然と見えるまでにシャレ、地口の連発がある。次にはまたイキのよいあのマキューシオとか乳母とかいった性格の存在であり、最後には全篇に溢れる抒情詩的情調である。これらの移植はすべていずれも訳者にほとんど絶望の極ペンを投ぜしめるものであった。結局訳者は次善の方法として、時には原文を思い切って離れて、訳者の責任において、作中人物が日本語でならばどんな表現をするであろうか、勝手にしゃべらせてみる方法をとった。危険な冒険だが、単に誤訳さえ免かれればそれでよいというのでない以上、致し方ないことと心を決めた。失敗の場合、責任はすべて訳者にあることむろんである。

本訳書の読者は、おそらく「心ウキウキ」だの、「パンパン殿」だの、その他数多くの生々しい語彙が頻出するのに驚き、次には眉をひそめられることだろうと思う。だが訳者は、シェイクスピアを冷灰的死語や生気ないお上品言葉の連続にするよりは、むしろ多少卑俗、俗悪でも潑剌として生きた現代感覚の方向へ誤りを犯したかった。それにしても訳者は得意でしているのでは決してない。俗悪だ、下品だと批評される方は、批評しぱなしでなく、同時にそれはこうすれば、上品で、しかもあの原作に見るハチ切れるような生命感をたたえた日本語の表現だというものを教示していただきたい。欣んで教示に従いたいと思っている。

Title : ROMEO AND JULIET
Author : William Shakespeare

ロミオとジュリエット

新潮文庫　シ-1-1

昭和二十六年十一月　五　日　発　行
昭和三十八年　五　月三十日　十刷改版
平成　三　年十一月二十五日　六十五刷

訳　者　中《なか》野《の》好《よし》夫《お》

発行者　佐藤亮一

発行所　株式会社　新潮社

郵便番号　一六二
東京都新宿区矢来町七一
電話　業務部(〇三)三二六六—五一一一
　　　編集部(〇三)三二六六—五四四〇
振替　東京四—八〇八番

価格はカバーに表示してあります。

乱丁・落丁本は、ご面倒ですが小社通信係宛ご送付ください。送料小社負担にてお取替えいたします。

印刷・株式会社光邦　製本・憲専堂製本株式会社

ISBN4-10-202001-2 C0197